보통 목사의 10분 성경 : 마태복음

보통 신자들을 위한 **쉽고, 짧고, 새로운 성경 읽기**

보통 목사의
10분
성경

마태복음

현병찬 지음

규장

복음의 일타 강사

저와 함께 동역하고 있는 현병찬 목사님에게는 특별한 말씀의 은사가 있습니다. 때로는 전체를 일목요연하게 꿰뚫어 핵심을 잡아 정리해 주고, 때로는 현미경으로 들여다보듯 세밀한 설명으로 주의를 기울여 말씀을 접하게 해줍니다.

그 설명을 따라가다 보면 그동안 깨닫지 못하던 새로운 말씀의 세계를 접하게 되면서 신령한 은혜를 맛보게 되고 더 깊은 믿음의 감동을 받게 됩니다. 그야말로 흔히 말하는 탁월한 '일타 강사'입니다.

이런 분과 동역하면서 가까이에서 자주 말씀을 접할 수 있는 것은 저에게 허락하신 특별한 은혜라고 감사하면서도, 좀 더 많은 이들이 저와 같은 은혜를 누릴 수 있는 날이 오기를 바라는 마음이 있었습니다.

그러던 차에 유튜브 활동을 통해 전하던 내용을 책으로 묶어 내게 되어 기대와 희망이 실현되니 참 감사합니다. 부디 많은 분들이 그의 핵심 정리를 따라 말씀을 접하며 깊은 은혜의 세계를 누리게 되시기를 바랍니다.

구자경 목사 창천교회 담임

추천사
프롤로그

천국 복음의
시작

01 비틀걸음을 빛의 걸음으로! 부끄러운(?) 예수님의 족보 • 12

02 확신이 든다면 더욱 조심하라 동방박사들의 어이없는 실수 • 20

03 지금도 천국은 가까이에 있다? 방법이 아니라 방향이다 • 28

04 시험인가 기회인가 예수님의 광야 시험 • 35

05 팔복 말씀 새로 보기 산상수훈 1 • 42

06 올바른 구제, 기도, 금식, 헌금이란? 산상수훈 2 • 52

07 외롭고 의로운 길 산상수훈의 결론 • 60

천국을
보고 듣다

08 나병, 나만 모르는 병 예수님의 기적 1 • 70

09 신앙생활이 힘든 이유 예수님의 기적 2 • 79

10 영적 원시遠視를 조심하라! 예수님의 제자훈련 핵심 가이드 • 88

11 기대가 다르면 기적도 소용없다 기적을 보고도 회개하지 않는 이유 • 96

12 약도 없는 자기 사랑 그들이 예수님을 죽이려고 했던 이유 • 103

13 천국 비유에 숨겨진 의미 예수님의 천국 비유 • 108

14 예수님 한 분이면 충분합니다! 오병이어 기적의 숨은 뜻 • 114

십자가로 자라는 믿음

15 왜 내게만 이런 일이? 기도해도 응답이 안 될 때 ● 124

16 믿음이 깊어지면 고난도 깊어지는 이유 고난과 믿음의 상관관계 ● 132

17 왜 기적을 봐도 믿음이 자라지 않을까? 변화산 사건의 교훈 ● 140

18 나의 십자가 십자가 지는 삶이란? ● 148

19 나도 천국에 갈 수 있을까? 늦었다고 생각하는 당신에게 ● 156

20 네 소원이 무엇이냐? 낫기를 원치 않는 병자 ● 165

21 찬송인가 욕망인가 찬송으로 포장된 거짓된 욕망 ● 173

그날까지 주님과 함께

22 반드시 입어야 할 예복이란? 혼인 잔치 비유 해설 ● 184

23 어쩌다 바리새인? 당신의 열심이 위험한 이유 ● 196

24 말세에 일어날 일들?! 마지막 때에 관한 말씀 1 ● 204

25 마지막 때를 위한 준비! 마지막 때에 관한 말씀 2 ● 213

26 십자가'에' 질 수 있나? 베드로가 예수님을 버린 이유 ● 224

27 위대한 굴복, 아름다운 패배 십자가 사건의 의미 ● 233

28 부활의 주님은 지금 어디에? 마태복음 그 마지막 이야기 ● 245

한 장의 기적

안녕하세요. 〈10분 성경〉의 보통 목사입니다.

이 책을 읽고 있는 당신은 하나님과 성경을 뜨겁게 사랑하는 사람이 분명합니다. 그렇지 않고서야 이름도 들어본 적 없는 보통 목사의 책을 선택할 수 없거든요.

지난 2020년 3월 19일에 50명의 구독자로 시작한 〈10분 성경〉 채널은 3년이 지난 오늘, 5만 4천 명의 성도님들과 함께하게 되었습니다. 이 책은 유튜브 〈10분 성경〉에서 2022년 2월부터 약 1년간 진행된 '마태복음 한 장 묵상'을 글로 엮은 것입니다. 유튜브상에 뿔뿔이 흩어져있는 영상들이 한 권의 책으로 만들어지는 과정을 보면서 글이 주는 특별한 위력이 있음을 새삼 깨닫게 되었습니다.

〈마태복음 한 장 묵상〉의 누적 조회 수만 약 28만 회 정도가 되니, 결코 적은 숫자는 아니지요. 정말 많은 분들이 '좋아요'와 '댓글'로 묵상에 동참해 주셨습니다.

이 책에는 10분이라는 시간 제약 때문에 영상에 미처 담지 못했던 내용들을 아쉬움 없이 다 담아냈습니다. 여러분도 각자의 자리에서 시간과 공간의 제약 없이 충분히 묵상하시고, '나의 한 장 묵상'도 채워보시기를 바랍니다. 장마다 댓글로 나눠주신 보통 성도들의 묵상도 실려 있으니 함께하는 기쁨도 누리실 수 있을 것입니다.

'한 장 묵상'은 보통의 묵상과는 달리 전체적인 흐름과 문맥 사이에서 하나님의 뜻과 마음이 무엇인지를 탐구하고 찾아갑니다. 한 절과 한 단어를 통해 받았던 은혜와는 또 다른 차원의 깨달음이 있을 줄 믿습니다.

'한 방울의 기적'이라는 말을 들어보셨나요? 아무리 추운 겨울에도 수도를 얼지 않게 하는 것은, 사소해 보이지만, 한 방울 한 방울의 흐르는 물입니다. 우리 각자가 한 장 묵상을 통해, 하나님의 은혜가 '나'를 통해 흐르고 있음을 깨닫는다면 어떤 고난과 어려움도 우리를 얼어붙게 하지 못할 것입니다. 주님이 이루실 한 장의 기적을 믿습니다.

주님이 크고 높으시니, 우리는 그저 보통이면 됩니다.

보통 목사 **현병찬** 올림

ORDINARY PASTOR BIBLE in 10-MINUTE

천국 복음의
시작

비틀걸음을 빛의 걸음으로!

부끄러운(?) 예수님의 족보

 1장의 내용과 배경

마태복음 1장은 두 부분으로 나눌 수 있습니다.

▶ 1-17절 예수님의 족보

▶ 18-25절 예수님의 탄생

지금 우리 앞에 있는 성경책은 구약과 신약이 그저 종이 한 장 차이지만, 그 한 장 사이에는 400년이라는 오랜 침묵의 시간이 담겨 있습니다. 신구약 중간기, 침묵기로도 불리는 그 오랜 침묵을 깨고, 하나님은 주의 사자를 통해 다윗의 자손 요셉에게 말씀하십니다.

> 21 아들을 낳으리니 이름을 예수라 하라 이는 그가 자기 백성을 그들의 죄에서 구원할 자이심이라 하니라

그다음 절은 예수 그리스도 탄생의 이유를 이렇게 말합니다.

22 이 모든 일이 된 것은 주께서 선지자로 하신 말씀을 이루려 하심이니

다시 말하면, 예수님의 탄생은 어느 한 사람을 통해 한순간에 일어난 우연한 사건이 아니라 하나님께서 오랜 세월 수많은 선지자를 통해 예언하신 말씀의 성취, 응답이라는 것이죠. 이것이 바로 마태복음이 계보, 즉 족보로 시작하는 이유입니다.

1 아브라함과 다윗의 자손 예수 그리스도의 계보라

그래서 예수님의 계보에 기록된 이름들에 더욱 관심이 갑니다. 그 이름들은 어쩌다가 우연히 예수님의 계보에 들어온 것이 아니거든요. 선지자들의 말씀을 이루시기 위해 하나님께서 오래전부터 계획하고 택하신 사람들이니 그 한 사람 한 사람이 얼마나 소중하고 또 위대합니까?

역사에서 '만약'이라는 건 없지만, 한번 상상해봅니다. 만약 예수님의 계보에 나온 이름 중 한 명이라도 없었다면, 그 사람이 아니었다면 예수님의 탄생이 조금 더 뒤로 미뤄지지 않았을까요? 이런 상상까지 하다 보니 족보에 담긴 이름 하나하나가 너무나 소중하게 다가옵니다. 그 사람이 그때 있었기에 그 계보가 이어져 마침내 예수님의 탄생까지 다다랐기 때문이죠. 그러니 예수님의 계보에 있는 여러

이름 중에 없어도 되는 사람은 단 한 명도 없다는 결론에 이르게 됩니다. 예수님의 탄생을 위해 꼭 필요한 사람들이었다는 것이죠.

우리는 족보에 등장하는 많은 이름을 짧은 시간에 읽고 넘기지만, 한 사람 한 사람이 살았을 생애들을 생각해보면 실로 어마어마한 시간이 흐르고 수많은 사람과 사건들을 거쳐 예수님까지 이르게 된 것입니다.

 보통 목사의 한 장 묵상

굳이 넣은 듯한 이름들

마태복음 1장에 나오는 예수님의 족보에는 당시 고대 근동 시대의 다른 족보들과 확연히 다른 점이 하나 있는데요, 족보에 여인의 이름이 등장한다는 점입니다. 그것도 다말(3절), 라합(5절), 룻(5절), 우리야의 아내 밧세바(6절), 마리아(16절)까지 무려 5명이나 됩니다.

고대까지 거슬러 올라갈 것 없이 공자(孔子, BC 551-479) 가문의 족보에 여인의 이름이 올라가 화제가 된 것이 불과 20년도 되기 전의 일입니다.[1] 그러니 고대 사회에서 여인의 이름이, 그것도 5명씩이나 족보에 오른다는 건 상상할 수도 없는 일이었습니다.

그런데 평탄함과는 거리가 멀었던 이 다섯 여인의 삶의 걸음은 더 놀랍습니다. 가나안 여인 다말은 시아버지 유다를 속여 자신과 동침

---

1) 유광종, "공자의 가문 2500년 만에 "여성도 후손"," 〈중앙일보〉, 2006년 7월 24일.

하게 하고 둘 사이에 베레스와 세라를 낳았습니다.

> 그가 얼굴을 가리었으므로 유다가 그를 보고 창녀로 여겨 길 곁으로 그에게 나
> 아가 이르되 청하건대 나로 네게 들어가게 하라 하니 그의 며느리인 줄을 알지
> 못하였음이라… 창 38:15,16

여리고 성읍에 살던 가나안 여인 라합은 기생이었고,

> 눈의 아들 여호수아가 싯딤에서 두 사람을 정탐꾼으로 보내며 이르되 가서 그
> 땅과 여리고를 엿보라 하매 그들이 가서 라합이라 하는 기생의 집에 들어가 거
> 기서 유숙하더니 수 2:1

룻은 모압 여인으로 남편을 잃고 시어머니 나오미를 따라 낯선 땅
에 와서 이민 생활을 한 난민이었죠.

> 나오미가 모압 지방에서 그의 며느리 모압 여인 룻과 함께 돌아왔는데 그들이
> 보리 추수 시작할 때에 베들레헴에 이르렀더라 룻 1:22

우리야의 아내였던 밧세바는 다윗 왕의 범죄로 한순간에 남편을
잃고, 원치 않는 임신으로 얻은 아이마저 잃는 큰 슬픔을 겪죠.

> 우리아의 아내는 그 남편 우리아가 죽었음을 듣고 그의 남편을 위하여 소리내

어 우니라 그 장례를 마치매 다윗이 사람을 보내 그를 왕궁으로 데려오니 그가 그의 아내가 되어 그에게 아들을 낳으니라… 삼하 11:26,27

이레 만에 그 아이가 죽으니라 그러나 다윗의 신하들이 아이가 죽은 것을 왕에게 아뢰기를 두려워하니… 삼하 12:18

예수님의 어머니였던 마리아는 달랐을까요? 마리아 역시 결혼도 하기 전에 아이를 잉태하는 매우 곤란하고 난처한 상황을 겪게 됩니다.

18 예수 그리스도의 나심은 이러하니라 그의 어머니 마리아가 요셉과 약혼하고 동거하기 전에 성령으로 잉태된 것이 나타났더니

어떠세요? 예수님의 족보에 올라가기에는 어딘가 어울리지 않는 이름들이죠. 이렇게 수치와 죄악과 치부를 그대로 드러내는 예수님의 족보를 볼 때 생각난 단어가 '비틀걸음'이었습니다. '비틀걸음'이란 올바로 걷지 못하고 쓰러질 듯 걷는 걸음을 뜻합니다.

비틀-걸음 명 비틀거리며 걷는 걸음.

그러고 보니 인류의 구원자 메시아의 족보에는 어울리지 않는, 지우고 싶은 이름들이 더 보입니다. 먼저 3절에 나오는 '세라'입니다.

3 유다는 다말에게서 베레스와 세라를 낳고 베레스는 헤스론을 낳고…

예수님은 베레스의 후손이셨기 때문에 세라의 이름을 빼도 전혀 이상하지 않죠. 아니, 빼는 것이 더 자연스럽습니다. 그러나 성경은 유다가 다말에게서 낳은 베레스와 세라를 모두 넣었습니다. 마치 유다와 다말의 동침 사건을 굳이 떠올리게 하려는 듯합니다.

빼고 싶은 또 다른 이름은 6절에 나오는 우리야입니다. "다윗은 밧세바에게서 솔로몬을 낳았다" 하면 될 것을 굳이 우리야의 아내로써서 다윗의 범죄를 상기시키려는 듯 보입니다.

6 다윗은 우리야의 아내에게서 솔로몬을 낳고

성경은 왜 예수 그리스도의 족보에 굳이 넣지 않아도 될 이름들을 넣은 것일까요? 의롭게, 떳떳하게 산 사람들만 넣어도 부족할 판에 왜 이렇게 비틀거리는 인생을 살았던 사람들까지도 기록했을까요?

나의 비틀걸음보다 크신 하나님의 열심

그것은 하나님이 우리의 '비틀걸음'까지도 '빛의 걸음'으로, '빛으로 가는 길'로 삼을 수 있는 분이시기 때문이 아닐까요? 야곱의 속임수, 유다의 일탈, 다윗의 범죄가 예수 그리스도의 나심을 막아서지 못했습니다. 그런 수치와 아픔과 죄악까지도 '빛의 걸음'으로 만드셔서 마침내 예수님을 이 땅에 보내시고야 마는 하나님의 열심, 이 놀라운 사랑! 그 은혜에 감격하지 않을 사람이 누가 있을까요?

우리도 모두 저마다의 계보를 갖고 있습니다. 지난 삶을 돌이켜보면 때론 지우고 싶고 되돌리고 싶은 죄악과 수치의 순간들이 분명히 있죠. 비틀걸음의 순간들입니다. 그러나 하나님의 사랑과 하나님의 열심은 우리의 수치와 죄악과 비틀걸음보다 크십니다.

하나님은 우리의 '비틀걸음'을 '빛의 걸음'으로, 빛으로 나아가는 길로 삼는 분이십니다. 아브라함 때부터 요셉에 이르기까지 수많은 인생의 실수와 죄악에도 불구하고, 예수 그리스도를 보내시고 마침내 우리를 구원하시고야 마는 하나님!

맛있는 바나나빵을 만드는 방법을 알고 계신가요? 보통 바나나를 살 때는 노랗고 매끈하고 단단하고 신선한 것을 고르지만 빵을 만들 때만큼은 다릅니다. 단단하고 매끈한 상태는 바나나빵을 만들기에 적합하지 않고, 조금만 으깨도 물컹물컹한 덩어리가 될 만큼 농익었을 때 가장 맛있는 바나나빵을 만들 수 있다고 하네요.

이리 맞고 저리 맞아서 상처투성이의 인생을 살고 계신가요? 너무 절망하지 마세요. 제빵사 되시는 하나님께서 우리 인생을 가장 맛있는 빵으로 만드시는 과정일 수 있으니까요. 거의 상한 것처럼 보여 선뜻 손이 가지 않는 바나나가 오히려 달콤한 바나나빵의 재료가 되듯이, 우리의 연약함과 상처는 우리 인생을 가장 아름답고 복된 삶으로 만드는 귀한 재료가 될 것입니다.

혹시 지금의 삶이 너무도 비틀거려서 '주님이 나를 포기하신 건 아닐까?' 의심하셨다면 다시 한번 임마누엘의 주님을 붙드시기 바랍니다. 인간의 모든 실패와 실수 속에서도 예수님은 이 땅에 오셨고, 지금도 우리와 함께하십니다. 그 주님께서 비틀거리는 우리의 인생 또한, 영원한 하나님의 나라로 반드시 인도해주십니다. 그 은혜를 붙들며 다시금 구원의 감격을 누리시기를 주님의 이름으로 간절히 축복합니다.

☕ 나의 한 장 묵상

말씀을 통해 새롭게 깨달은 것, 품게 된 도전과 기도 제목을 적어보고, 다른 분들의 묵상 나눔도 읽어보세요.

....

....

....

....

Sharon ****
왜 마태복음의 시작이 이렇게 길고 지루한 족보로 되어 있을까 언제나 의문이었는데 이런 깊은 뜻이 있을 줄은 몰랐습니다. 예수님과 같은 분도 죄인들에게서 나오셨다는 걸 알고 나니 저 같은 죄인도 하나님께 쓰임받을 수 있다, 용서받을 수 있다는 희망이 생겨 참 기쁩니다.

확신이 든다면 더욱 조심하라

동방박사들의 어이없는 실수

마태복음 2장

📖 2장의 내용과 배경

2장은 두 부분으로 나눌 수 있습니다.

▶ 1-12절 동방박사들의 실수와 경배

▶ 13-23절 실수로 인한 끔찍한 결과

▶ 동방박사들의 실수와 경배

예수님이 유대 땅 베들레헴에서 태어나시자 동방에서 박사들이 예루살렘으로 찾아옵니다. '박사들'은 헬라어로는 '마고이'(μάγοι)로, 고대 점성가를 뜻합니다. 동방박사로 알려진 이 사람들이 어디 출신인지, 또 몇 명이 왔는지 정확히는 알 수 없습니다.

동방이 어디인지 특정할 수 없지만, 여러 성경 주석에서 바벨론이나 페르시아일 것이라는 의견이 지배적입니다. 예루살렘에서 바벨론과 페르시아까지의 거리가 1,500킬로미터 정도이니, 결코 만만한 여정은 아니었겠죠.

동방박사가 몇 명이었는지도 여러 의견이 있습니다. 전통적으로는 동방박사들이 드린 예물이 "황금과 유향과 몰약" 이렇게 세 개이니 박사들 또한 세 명이라고 보지만,

> ¹¹ 집에 들어가 아기와 그의 어머니 마리아가 함께 있는 것을 보고 엎드려 아기께 경배하고 보배합을 열어 황금과 유향과 몰약을 예물로 드리니라

"헤롯 왕과 온 예루살렘이 듣고 소동한지라"(3절)라는 구절과 같이 온 예루살렘이 소동할 정도이니 꽤 많은 무리가 왔을 거라는 주장도 있습니다. 여하튼, 1,500킬로미터나 떨어진 동방에서 온 점성가 무리가 예루살렘을 방문했습니다. 그들의 첫 마디는 온 예루살렘을 떠들썩하게 했습니다.

> ² 유대인의 왕으로 나신 이가 어디 계시냐 우리가 동방에서 그의 별을 보고 그에게 경배하러 왔노라 하니

그 당시는 '팍스 로마나'(Pax Romana)의 시기였습니다. '로마의 평화'로 불리는 이 시기는 기원전 27년부터 기원후 180년까지 200여 년의 기간을 말합니다. 그런데 사실 '로마의 평화'는 '로마인들만의 평화'일 뿐이었습니다. 그들에게만 평화였을 뿐, 주변 나라들에는

로마의 폭력과 착취로 인한 고통의 세월이었습니다. 이런 상황에서 발견하게 된 별이니, 동방박사들에게는 얼마나 반갑고 흥분되는 소식이었겠습니까?

그런데 번지수를 잘못 찾았죠. 유대인의 왕으로 나신 예수 그리스도는 예루살렘이 아닌 베들레헴에서 나셨거든요.

> 베들레헴 에브라다야 너는 유다 족속 중에 작을지라도 이스라엘을 다스릴 자가 네게서 내게로 나올 것이라 그의 근본은 상고에, 영원에 있느니라 미 5:2

1,500킬로미터의 긴 여정을 잘 오던 동방박사들이 마지막 순간에 결정적인 실수를 저지른 것입니다.

▶ 실수로 인한 끔찍한 결과

이들의 사소한 실수가 불러온 결과는 끔찍했습니다. 유대인의 왕으로 나신 이를 찾아왔다는 이들의 말이 당시 유대 땅을 다스리고 있던 헤롯 왕의 심기를 건드렸습니다. 헤롯 왕과 온 예루살렘이 소동했고, 결국 베들레헴에 있는 두 살 이하의 사내아이들이 모두 죽는 끔찍한 결과를 낳았습니다.

> 16 이에 헤롯이 박사들에게 속은 줄 알고 심히 노하여 사람을 보내어 베들레헴과 그 모든 지경 안에 있는 사내아이를 박사들에게 자세히 알아본 그때를 기준하여 두 살부터 그 아래로 다 죽이니

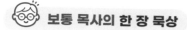

보통 목사의 한 장 묵상

잘 오다가 왜 그랬을까?

저는 2장을 읽을 때마다 '별을 관측하는 것만큼은 전문가인 동방박사들이 왜 이런 실수를 저질렀을까?' 하는 의문이 들었습니다. 1,500킬로미터나 되는 먼 곳까지 실수 없이 잘 오던 박사들이 왜 코앞에서 베들레헴이 아닌 예루살렘에 들어가는 실수를 저지른 걸까요? 이 치명적인 실수의 이유를 성경이 말하고 있지 않기 때문에 정확히 알 수는 없지만 저와 함께 한번 상상해보시죠.

별을 따라 길을 가자면 낮에는 이동할 수 없고 밤에만 이동할 수 있었겠지요. 1,500킬로미터의 밤길을 그렇게 별을 보며 따라왔을 동방박사들은 그날 밤 예루살렘 근처에 떠오른 별을 보고 "바로 저곳에서 유대인의 왕이 태어날 것이다"라고 확신했을 것입니다.

아침이 밝았습니다. 그들의 확신은 더 커졌겠죠. 예루살렘 성전의 아름다움과 화려함 덕분에 이 성전이 있는 예루살렘이야말로 왕이 태어날 곳이 확실해 보였기 때문입니다. 지금까지 해왔던 방식대로라면 다시 밤이 될 때까지 기다려서 별이 예루살렘 위에 계속 머물러 있을지, 아니면 다른 곳으로 이동할지 관측해야 합니다. 그러나 그들은 더 이상 관측할 필요를 느끼지 못했습니다. 왕이 태어날 장소로 예루살렘만큼 적당한 곳은 없어 보였거든요. 그렇게 동방박사들은 주저 없이 예루살렘 성내로 들어갑니다.

예루살렘에서 베들레헴까지의 거리는 약 9킬로미터 정도입니다.

차로 가면 약 10분, 많이 막혀도 20분 정도 걸리는 매우 가까운 거리죠. 만약 동방박사들이 예루살렘에서 하룻밤만 더 기다려봤다면 베들레헴으로 인도하는 별의 움직임을 볼 수 있지 않았을까요? 그렇다면 베들레헴에 있던 아이들의 끔찍한 죽음을 막을 수도 있지 않았을까요?

이렇게 보면 동방박사들이 참 야속하게 느껴집니다. 그러나 무조건 동방박사들을 탓할 수는 없습니다. 왜냐하면 베들레헴이 아닌 예루살렘에서 아기 예수님을 찾았던 동방박사들의 실수를 오늘 우리도 똑같이 반복하고 있거든요.

예수님은 어디에 계실까요? 많은 재물과 높은 권력, 화려한 건물과 뛰어난 인재들이 모여 있는 예루살렘일까요, 아니면 누구도 주목하지 않는 베들레헴일까요? 주님이 계신 곳은, 예루살렘과는 가까이 붙어있지만 예루살렘과는 비교도 안 되는 초라한 베들레헴이었습니다. 별의 최종 목적지는 예루살렘이 아니었습니다.

> 9 왕의 부탁을 듣고 박사들은 길을 떠났다. 그때 동방에서 본 그 별이 그들을 앞서가다가 마침내 그 아기가 있는 곳 위에 이르러 멈추었다. 공동번역

별이 마침내 머문 곳은 화려하고 편안하고 안락한 예루살렘이 아니었습니다. 볼품없고 불편하고 더러운 베들레헴. 아기 예수님은 바로 그곳에 계셨습니다. 별이 알려주지 않았다면 절대로 찾을 수 없는 그곳, 아니, 별이 아니었으면 가고 싶지 않았을 바로 그곳에 주

님이 계셨습니다.

마지막 순간까지 별에 집중하라

2007년 1월 12일, 청바지와 티셔츠를 입고 야구 모자를 눌러쓴 젊은이가 워싱턴 DC의 지하철역에서 바이올린을 꺼냈습니다. 그는 바이올린 케이스를 열고 지폐 몇 장과 동전 몇 개를 넣어 자기 앞에 두고는 약 45분 동안 클래식 음악 6곡을 연주했습니다.

그 사이 천여 명의 사람들이 그 앞을 무심히 지나갔습니다. 길을 가다가 멈춰 서서 그의 연주에 귀를 기울인 사람은 7명뿐이었고, 그날 그 연주자가 번 돈이 우리 돈으로 3만 원 정도가 전부였습니다.

그런데 그 바이올린 연주자는 평범한 사람이 아니었습니다. 세계 최고 수준의 바이올린 연주자이며 클래식계에서 최고의 사랑을 받는 음악가 조슈아 벨(Joshua Bell)이었습니다. 게다가 그날 그가 연주한 바이올린은 1713년에 제작된 스트라디바리우스로, 가격이 우리 돈으로 무려 40억 원이나 됩니다.

조슈아 벨의 연주를 듣기 위해서는 적어도 수십만 원의 티켓을 사야 합니다. 조슈아 벨의 바이올린과 연주를 그렇게 가까운 거리에서 보는 것은 정말 흔치 않은 기회인데 워싱턴 지하철역을 지나던 천여 명의 승객들은 그 기회를 날려버렸습니다. 조슈아 벨이 설마 지하철역에서 연주하리라고는 생각하지 않았기 때문이죠. 그의 연주는 비싼 콘서트홀에서나 들을 수 있지, 흔한 지하철역에서 들으리라고는 누구도 상상하지 못했던 것입니다.

이것이 바로 인간의 나약함이고 한계입니다. 만약 제가 그날 그 시간에 워싱턴 지하철역에 있었어도 저 역시 조슈아 벨의 연주에 귀를 기울이지 않았을 것입니다.

이 연주는 워싱턴 포스트가 기획한 '거리의 악사' 실험이었는데 저는 이 실험을 보는 동안 예수님이 떠올랐습니다. 공교롭게도 연주자의 이름도 조슈아(Joshua)[2]인데요, 지하철에서 연주하는 조슈아 벨을 지나치는 사람들의 모습에서 베들레헴 구유에 누이신 예수님을 지나치는 우리의 모습을 보게 되었습니다.

오늘 이 시대에 주님은 어디에 계실까요? 혹시 별의 움직임을 끝까지 살피지 않고 내가 보기에 괜찮은 곳, 적당히 화려하고 안락하고 아름다운 곳에서 주님을 찾고 있지는 않나요?

그렇다면 이제 다시 별의 움직임에 집중해야 합니다. 바로 우리 안에 계신 성령님, 그분이 어디를 향하고 무엇을 기뻐하시는지 날마다 묻고 또 물어야 합니다. 저와 여러분의 인생이 여정의 마지막 순간까지 별의 인도함, 즉 성령의 인도함을 받는 삶이 되기를 바랍니다.

아무리 좋아 보이고 주님이 기뻐하실만한 일인 것 같아도 끝까지 성령의 인도하심을 구해야 합니다. 확신이 든다면 더욱 조심해야 합니다. 확실해 보이는 일 앞에서도 끝까지 주님께 묻고 기도하는 것이 동방박사의 실수에서 벗어나는 길입니다.

---

2) 영어 이름 Joshua는 히브리 성경의 여호수아(יהושע)를 가리키며, 이를 그리스식으로 표기한 이름이 예수(Ιησού, Jesus)이다.

☕ 나의 한 장 묵상

------

junyoung ****

주님은 우리를 진정으로 이끄시기를 원한다는 점을 깨달았습니다. 어느 방향으로
가야 할지는 모르지만 주님은 끝까지 우리를 인도하시기 원하신다는 점을요. 주님,
제가 살아야 할 삶을 꼭 살아내게 도와주시고 주님과 동행하는 자가 되게 하여주
세요.

chapter
03

지금도 천국은 가까이에 있다?

방법이 아니라 방향이다

📖 3장의 내용과 배경

3장은 두 부분으로 나눌 수 있습니다.

▶ 1-12절 세례 요한의 등장

▶ 13-17절 세례받으시는 예수님

▶ 세례 요한의 등장

2장 예수님의 탄생 이후 3장은 세례 요한의 등장으로 시작합니다. 예수님에 대한 어떠한 언급도 없이 30년이 빠르게 지나가 버렸습니다. 이것을 통해 알게 되는 사실은 예수님도 무명의 시간을 보내셨다는 것입니다. 30년 동안 예수님이 어떤 삶을 사셨는지, 무슨 말씀을 하셨는지 아무것도 알려진 것이 없습니다. 누구도 관심을 두거나 주목하지 않았다는 것이죠.

아무런 주목을 받지 못했던 예수님과는 달리 세례 요한의 등장은 온 이스라엘을 떠들썩하게 했습니다. 세례 요한이 구약의 마지막 책 말라기서에 나오는 엘리야 선지자를 떠올리게 했기 때문입니다.

> 보라 여호와의 크고 두려운 날이 이르기 전에 내가 선지자 엘리야를 너희에게 보내리니 말 4:5

낙타털 옷을 입고 허리에 가죽 띠를 띤 모습은 영락없이 열왕기하에서 묘사하고 있는 엘리야의 모습이었습니다.

> 4 이 요한은 낙타털 옷을 입고 허리에 가죽 띠를 띠고 음식은 메뚜기와 석청이었더라

> 그들이 그에게 대답하되 그는 털이 많은 사람인데 허리에 가죽 띠를 띠었더이다 하니 왕이 이르되 그는 디셉 사람 엘리야로다 왕하 1:8

온 이스라엘의 관심이 세례 요한을 향했습니다. 그런 세례 요한에게서 나온 첫 일성(一聲)은 "회개하라 천국이 가까이 왔느니라"(2절)였습니다. 세례 요한의 외침에 유대인들은 즉각 반응합니다. 예루살렘과 온 유대와 요단강 사방에 살던 사람들이 요한에게로 찾아와 자기 죄를 자복하고 세례를 받았습니다. 이때 요한의 인기가 얼마나 대단했냐면 그 고집 센 바리새인들과 사두개인들까지도 요한을 보

려고 찾아올 정도였습니다. 요한은 당시 힘과 권력을 갖고 있던 바리새인들과 사두개인들에게 "독사의 자식들아 누가 너희를 가르쳐 임박한 진노를 피하라 하더냐"(7절)라며 꾸짖습니다.

▶ 세례받으시는 예수님

13 이때에 예수께서 갈릴리로부터 요단강에 이르러 요한에게 세례를 받으려 하시니

바로 이때 예수님이 세례를 받으러 요한에게로 나오십니다. 30년 동안 조용히 무명의 삶을 사셨고, 아무 권력도 힘도 없는 예수님을 요한은 단번에 알아보고 아주 다른 반응을 보입니다.

요한은 "내가 당신에게서 세례를 받아야 할 터인데 당신이 내게로 오시나이까"(14절)라며 예수님에게 세례 주기를 꺼렸지만, "내가 세례를 받는 것이 모든 의를 이루는 일"(15절)이라는 예수님의 말씀에 세례를 베풉니다. 그러자 하늘로부터 한 음성이 들려옵니다.

17 하늘로부터 소리가 있어 말씀하시되 이는 내 사랑하는 아들이요 내 기뻐하는 자라 하시니라

이 음성은 드디어 예수님의 30년 무명 생활이 끝나고 위대한 공생애가 시작됨을 알리는 소리였습니다.

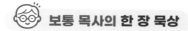 보통 목사의 한 장 묵상

무서운 경고가 아니라 친절한 이정표

본문을 묵상할 때 새롭게 다가온 말씀이 있었습니다.

> 2 회개하라 천국이 가까이 왔느니라

너무도 유명한 구절이죠. 세례 요한이 외쳤던 이 말씀을 마태복음 4장에서 예수님도 똑같이 외치십니다.

> 이때부터 예수께서 비로소 전파하여 이르시되 회개하라 천국이 가까이 왔느니라 하시더라 마 4:17

이 말씀을 들으면 어떤 생각이 드시나요? 저는 이 말씀을 "천국 갈 날(즉 죽을 날)이 얼마 남지 않았으니 그 전에 빨리 회개해야 한다!"라는, 조금은 무서운 경고의 메시지로만 생각했습니다. 그런데 이 말씀을 묵상하다 보니 조금 다른 측면에서 보게 되었습니다.

'회개하다'의 헬라어 원어는 '메타노에오'(μετανοέω)로, '돌이키다'라는 뜻의 히브리어 '슈브'(שוב)에서 온 말입니다. 회개란 죄를 향해 가던 길을 멈추고 하나님께로 '돌이키는(turn) 것'을 뜻합니다. 하나님을 향해 죄송한 마음을 품고 눈물을 흘린다고 해서 회개했다고 말할 수 없습니다. 삶의 모든 방향이 하나님께로 돌아서는 실제적인 변화가 있어야 합니다.

여기서 중요한 말이 '방향'(方向, direction)입니다. 우리는 보통 '방향'을 바꾸기보다는 '방법'(方法, means)을 바꾸기를 좋아합니다. 삶에서 중요하게 생각하는 가치나 태도와 '방향'은 그대로 고수하면서, 기도나 성경 묵상과 같은 '방법'만 바꾸는 것이죠. 그러나 이런 방식으로는 결코 하나님의 나라를 경험할 수 없습니다. 회개란 방법을 바꾸는 것이 아니라 방향을 바꾸는 것이기 때문입니다.

방향을 바꾸지 않고 방법만 바꿨던 대표적인 사람들이 바로 바리새인들과 사두개인들입니다. 자기 이익과 탐욕을 최우선으로 여기는 삶의 방향은 바꾸지 않은 채, 제사와 율법 그리고 기도의 방법들을 쓰며 자신의 탐욕을 채우기에 급급했죠. 그들을 향해 세례 요한은 매우 독한 말을 퍼부었습니다.

> 7 요한은 많은 바리새파 사람과 사두개파 사람들이 세례를 받으러 오는 것을 보고, 그들에게 말하였다. "독사의 자식들아, 누가 너희에게 닥쳐올 징벌을 피하라고 일러주더냐? 8 회개에 알맞은 열매를 맺어라. 9 그리고 너희는 속으로 주제넘게 '아브라함이 우리 조상이다' 하고 말할 생각을 하지 말아라. 내가 너희에게 말한다. 하나님께서는 이 돌들로도 아브라함의 자손을 만드실 수 있다. 10 도끼를 이미 나무 뿌리에 갖다 놓았으니, 좋은 열매를 맺지 않는 나무는 다 찍어서, 불 속에 던지실 것이다. 새번역

"회개하라 천국이 가까이 왔느니라"(2절)라는 구절을 유진 피터슨

은 이렇게 옮겼습니다.

> "너희 삶을 고쳐라. 하나님 나라가 여기 있다." 마 3:2,『메시지』

탐욕을 부리는 대신 내 삶의 방향을 바꾸어 하나님께로 돌이키라
는 것입니다. 그러면 하나님께로 돌이키는 삶이란 어떤 것을 말할까
요? 누가복음 3장을 보면 "그러면 우리가 무엇을 하리이까"라고 묻
는 무리에게 세례 요한은 이렇게 대답합니다.

> 요한이 말했다. "옷이 두 벌 있거든 한 벌은 나누어 주어라. 음식도 똑
> 같이 그렇게 하여라."
> 세금 징수원들도 세례를 받으러 와서 말했다. "선생님, 우리는 어떻게
> 해야 합니까?" 요한이 그들에게 말했다. "더 이상 착취하지 마라. 법에
> 정한 만큼만 세금을 거둬라."
> 군인들도 그에게 물었다. "우리는 어떻게 해야 합니까?" 요한이 그들에
> 게 말했다. "억지로 빼앗거나 협박하지 마라. 너희가 받는 봉급으로 만
> 족하여라." 눅 3:11-14,『메시지』

나만을 위한 탐욕의 삶에서 하나님과 이웃을 향한 나눔의 삶으로
의 방향 전환! 위의 내용을 보면 아시겠지만, 대단히 어렵거나 부담
이 되는 일도 아닙니다. 그저 내가 가진 것에 만족하고, 다른 이의
것을 억지로 빼앗지 말라는 말씀이죠. 어쩌면 시시해 보일 수 있는

이 말씀에 순종하여 방향을 바꾸면, 놀랍게도 그 순간부터 하나님 나라를 경험할 수 있습니다.

얼마나 하나님에게서 멀리 떨어졌는지는 중요하지 않습니다. 내가 있는 그 자리에서 하나님께로 돌이키기만 하면 누구든 언제든 하나님의 나라를 경험할 수 있습니다. 그래서 "회개하라 천국이 가까이 왔느니라!" 이 말씀을 저는 이렇게 읽습니다.

"하나님의 나라는 언제든 돌이키기만 하면 손 닿을 정도로 가까운 곳에 있다."

"지금이라도 돌이키면 하나님의 나라를 경험할 수 있다!"

방법이 아닌 방향을 바꾸는 삶으로, 바로 지금, 하나님의 나라를 경험하시기를 바랍니다.

☕ 나의 한 장 묵상

_____

_____

_____

_____

사*당
믿음생활을 잘하고 싶다는 생각만 하고 있을 뿐, 주님을 향하여 방향을 바꾸지 못했다는 것을 깨달았습니다. 지금도 늦지 않았다고 하시니 새로운 다짐을 해봅니다. 생각만이 아닌 실천으로 진실한 믿음의 자녀가 되겠습니다.

chapter
04

시험인가 기회인가

예수님의 광야 시험

마태복음 4장

📖 **4장의 내용과 배경**

4장은 두 부분으로 나눌 수 있습니다.

▶ 1-11절 예수님의 광야 시험

▶ 12-25절 예수님의 사역 시작

▶ **예수님의 광야 시험**

세례 요한에게 세례를 받으신 예수님은 성령에 이끌려 마귀에게 시험을 받으러 광야로 가시고, 우리가 잘 아는 세 가지 시험을 받으십니다.

첫 번째 시험 : 돌이 떡이 되게 하라(3,4절)

40일을 금식하신 예수님 앞에 '시험하는 자' 즉 마귀가 나타납니다. 굶주린 예수님에게 돌을 떡이 되게 하라고 하죠. 마귀의 첫 번째 시험에 대한 예수님의 대답입니다.

> 4 예수께서 대답하여 이르시되 기록되었으되 사람이 떡으로만 살 것이 아니요 하나님의 입으로부터 나오는 모든 말씀으로 살 것이라 하였느니라 하시니

> 너를 낮추시며 너를 주리게 하시며 또 너도 알지 못하며 네 조상들도 알지 못하던 만나를 네게 먹이신 것은 사람이 떡으로만 사는 것이 아니요 여호와의 입에서 나오는 모든 말씀으로 사는 줄을 네가 알게 하려 하심이니라 신 8:3

예수님은 신명기 8장에 있는 말씀으로 시험을 물리치시고, 나머지 두 시험에도 역시 신명기의 말씀을 인용하십니다. 말씀을 지키지 못해 실패한 이스라엘의 역사를 반복하지 않고 말씀의 성취를 이루시는 예수님의 모습이죠.

그 옛날 이스라엘 백성은 광야 생활을 할 때 메마른 광야에서 매일 내려주시는 만나를 먹고서도 감사하지 않았습니다. 도리어 노예로 살았던 애굽의 시절을 그리워하며 불평하고, 하나님을 원망했죠.

> 이스라엘 자손 온 회중이 그 광야에서 모세와 아론을 원망하여 이스라엘 자손이 그들에게 이르되 우리가 애굽 땅에서 고기 가마 곁에 앉아 있던 때와 떡을 배불리 먹던 때에 여호와의 손에 죽었더라면 좋았을 것을 너희가 이 광야로 우리를 인도해 내어 이 온 회중이 주려 죽게 하는도다 출 16:2,3

오랜 시간이 흘러 광야에서 예수님은 같은 시험 앞에 서셨고, 이스라엘이 실패한 그 자리에서 승리하십니다.

두 번째 시험 : 성전 꼭대기에서 뛰어내리라(5-7절)

마귀는 예수님을 성전 꼭대기에 세우고 뛰어내리라고 합니다. 다른 높은 곳도 많은데 왜 하필 성전 꼭대기였을까요? 성전 아래에는 예수님을 인정하지 않았던 대제사장과 바리새인들이 모여 있었겠죠. 그곳에서 뛰어내려 다치지 않는 기적을 보였다면 아마 예수님은 공생애의 시작과 동시에 종교 지도자들 사이에서 일약 스타가 되셨을 것입니다.

그러나 예수님은 두 번째 시험 역시 신명기 말씀으로 물리치십니다.

> 7 예수께서 이르시되 또 기록되었으되 주 너의 하나님을 시험하지 말라 하였느니라 하시니

> 너희가 맛사에서 시험한 것같이 너희의 하나님 여호와를 시험하지 말고 신 6:16

성전 꼭대기에 올라 뛰어내리라고 했던 두 번째 시험. 이와 비슷한 장면이 마태복음 27장에도 나옵니다.

> … 지금 십자가에서 내려올지어다 그리하면 우리가 믿겠노라 마 27:42

십자가에 달리신 예수님을 향해 대제사장들이 서기관들, 장로들과 함께 희롱하며 했던 말입니다. 성전 '위'에서 뛰어내리라는 마귀의 시험과 십자가 '위'에서 내려오라는 대제사장들의 조롱에 예수님은 넘어가지 않으셨습니다. 스스로 내려와 자신이 높아지고 유명해지는 길 대신 십자가 위에서 완전한 죽음으로 다른 사람들의 손에 내려지는 길을 택하셨습니다. 그것이 온전히 하나님을 드러내고 높이는 길이었기 때문입니다.

> 요셉이 세마포를 사서 예수를 <u>내려다가</u> 그것으로 싸서 바위 속에 판 무덤에 넣어 두고 돌을 굴려 무덤 문에 놓으매 막 15:46

세 번째 시험 : 엎드려 경배하라(8-10절)

마귀는 예수님을 지극히 높은 산에 데리고 가서 천하만국과 영광을 보여주며, 만약 내게 엎드려 경배하면 이 모든 것을 주겠다고 시험합니다. 지극히 높은 산에서 지극히 높은 존재가 되게 해주겠다는 것은 쉽게 말하면 내게 한 번 절하면 하나님과 같은 존재가 되게 해주겠다는 유혹이었습니다.

언뜻 창세기의 한 장면이 떠오르죠. 바로 선악과 사건입니다. 아담과 하와는 동산 중앙에 있는 선악과를 먹으면 하나님과 같아질 수 있다는 뱀의 유혹에 넘어갔습니다. 하나님의 통치를 받는 피조물의 자리에서 벗어나 스스로 하나님이 되고자 한 것입니다. 그 결과는 죄와 사망 그리고 끊임없는 다툼과 분열뿐이었습니다.

그러나 예수님은 똑같은 시험 앞에서 선악과를 먹지 않고, 도리어 선악과를 심으셨습니다. 하나님과 같아질 수 있다는 시험 앞에서 말씀으로 선악과를 심으신 것입니다.

10 이에 예수께서 말씀하시되 사탄아 물러가라 기록되었으되 주 너의 하나님께 경배하고 다만 그를 섬기라 하였느니라

네 하나님 여호와를 경외하며 그를 섬기며 그의 이름으로 맹세할 것이니라 신 6:13

▶ 예수님의 사역 시작

세 가지 시험을 이기신 예수님은 비로소 천국 복음을 전파하시고, 제자를 부르시고, 온 갈릴리에 두루 다니며 모든 병과 모든 약한 것을 고치십니다. 이런 예수님에 대한 소문은 수리아까지 퍼져 수많은 무리가 예수님을 따르게 됩니다.

 보통 목사의 한 장 묵상

시험과 기회를 구분하는 기준

4장 본문을 묵상하면서, 예수님이 마귀에게 받으셨던 세 가지 시험이 성령 충만한 사람에게는 똑같이 시험으로 다가오겠지만 성령과 무관한 사람에게는 '기회'로 읽힐 수 있겠다는 생각이 들었습니다.

첫째, 돌을 떡으로 만들어서 잘살게 될 절호의 기회!

둘째, 나를 무시하는 사람들 앞에서 인기를 얻으며 추앙받을 수 있는 절호의 기회!

셋째, 내가 하나님이 되어서 내 마음대로 살 수 있는 절호의 기회!

여러분은 어떠신가요? 이 마귀의 유혹이 기회로 느껴지시나요, 아니면 시험으로 느껴지시나요? 이것이 하나님께서 내게 주신 기회인지 아니면 마귀가 유혹하는 시험인지 알게 하는 중요한 기준이 있습니다. "이것을 통해 내가 하나님과 가까워지는가, 멀어지는가?"라는 기준이죠.

아무리 좋아 보이는 일이라도 그 일이 나를 하나님에게서 멀어지게 한다면 그것은 기회가 아니라 시험입니다. 반대로 고난과 시험처럼 보이지만 그 일이 나를 하나님께로 더 가까이 가게 한다면 그것은 시험이 아니라 기회입니다.

성령 안에서 시험과 기회를 잘 분별하여 늘 하나님 안에 머무는 복된 삶이 되시기를 바랍니다.

☕ 나의 한 장 묵상

김*희

주일학교에서 이 말씀을 배울 때 하나님의 아들인데 그냥 떡으로 바꾸시지, 안 바꾸신 게 이상하다 생각했습니다. 지금에야 여러 시험에 들며 살다 보니 그 깊은 뜻을 헤아립니다. 지금 이 순간에도 시험에 들어 헤매고 삶 속에 흔들리는 제 모습을 봅니다. 시험을 이겨내신 예수님의 모습을 통해 마귀의 유혹을 기회로 만들겠습니다.

팔복 말씀 새로 보기

산상수훈 1

마태복음 5장

📖 5장의 내용과 배경

5장부터 7장까지는 예수님이 산 위에서 설교하신 산상수훈의 말씀입니다. 5장은 다섯 부분으로 나눌 수 있습니다.

▶ 1-2절 산 위로 부르시다

▶ 3-12절 팔복

▶ 13-16절 소금과 빛

▶ 17-48절 들었으나, 이르노니

▶ **산 위로 부르시다**

4장에서 예수님의 병 고침의 이적을 보고 수많은 무리가 예수님에게로 몰려왔습니다.

예수께서 온 갈릴리에 두루 다니사 그들의 회당에서 가르치시며 천국 복음을
전파하시며 백성 중의 모든 병과 모든 약한 것을 고치시니 그의 소문이 온 수
리아에 퍼진지라 사람들이 모든 앓는 자 곧 각종 병에 걸려서 고통당하는 자,
귀신 들린 자, 간질하는 자, 중풍병자들을 데려오니 그들을 고치시더라 갈릴리
와 데가볼리와 예루살렘과 유대와 요단강 건너편에서 수많은 무리가 따르니라
마 4:23-25

그 무리를 보시고 예수님은 산 위로 올라가십니다. 이렇게 산 위
에서 말씀을 전하시는 예수님의 모습은 시내산 위에서 율법을 받았
던 모세를 떠올리게 합니다. 실제로 모세와 예수님은 닮은 부분이
참 많습니다.

① 태어나자마자 왕에 의해 죽임을 당할 뻔했던 위기

애굽 왕이 히브리 산파 십브라라 하는 사람과 부아라 하는 사람에게 말하여 이
르되 너희는 히브리 여인을 위하여 해산을 도울 때에 그 자리를 살펴서 아들이
거든 그를 죽이고 딸이거든 살려두라 출 1:15,16

이에 헤롯이 박사들에게 속은 줄 알고 심히 노하여 사람을 보내어 베들레헴과
그 모든 지경 안에 있는 사내아이를 박사들에게 자세히 알아본 그 때를 기준하
여 두 살부터 그 아래로 다 죽이니 마 1:16

② 애굽을 빠져나온 출애굽 사건

> 바로 그 날에 여호와께서 이스라엘 자손을 그 무리대로 애굽 땅에서 인도하여 내셨더라 출 12:51

> 헤롯이 죽은 후에 주의 사자가 애굽에서 요셉에게 현몽하여 이르되 일어나 아기와 그의 어머니를 데리고 이스라엘 땅으로 가라 아기의 목숨을 찾던 자들이 죽었느니라 하시니 요셉이 일어나 아기와 그의 어머니를 데리고 이스라엘 땅으로 들어가니라 마 2:19-21

③ 40일간의 금식

> 모세가 여호와와 함께 사십 일 사십 야를 거기 있으면서 떡도 먹지 아니하였고 물도 마시지 아니하였으며 여호와께서는 언약의 말씀 곧 십계명을 그 판들에 기록하셨더라 출 34:28

> 그때에 예수께서 성령에게 이끌리어 마귀에게 시험을 받으러 광야로 가사 사십 일을 밤낮으로 금식하신 후에 주리신지라 마 4:1,2

이렇게 구약과 신약은 놀랍게 연결되어 있습니다.

예수님에게 몰려든 사람들은 산 위로 올라가시는 예수님의 행동이 이해되지 않았을 것 같습니다. 어서 빨리 나의 병을 고쳐주셔야 할 예수님이 아무 말 없이 산에 오르시니 말입니다. 자연히 그 무리도 예수님을 따라 산에 올랐겠죠. 산에 오르신 예수님은 병 고치는 사역이 아닌 말씀 사역을 시작하십니다.

² 입을 열어 가르쳐 이르시되

▶ 팔복

예수님은 고침 받기를 원했던 무리를 향해 가르치고 설명하십니다. 그런데 그 가르침의 내용이 실로 놀랍습니다.

³ 심령이 가난한 자는 복이 있나니 천국이 그들의 것임이요

왜 이 말씀이 놀라울까요? 지금 산 위에 모여든 사람들은 어떤 사람들인가요? 가난하고 병든 자들, 유대 사회에서는 저주받았다고 여겨지는 사람들입니다. 복이라는 말은 자기들 인생에서 한 번도 들어본 적이 없고 영원히 들을 수 없을 것으로 생각한 그들에게 주님은 "너희는 저주받은 인생이 아니라 복 받은 인생이다"라고 말씀하신 것입니다.

³ 심령이 가난한 자는 복이 있나니 천국이 그들의 것임이요
⁴ 애통하는 자는 복이 있나니 그들이 위로를 받을 것임이요
⁵ 온유한 자는 복이 있나니 그들이 땅을 기업으로 받을 것임이요

6 의에 주리고 목마른 자는 복이 있나니 그들이 배부를 것임이요

7 긍휼히 여기는 자는 복이 있나니 그들이 긍휼히 여김을 받을 것임이요

8 마음이 청결한 자는 복이 있나니 그들이 하나님을 볼 것임이요

9 화평하게 하는 자는 복이 있나니 그들이 하나님의 아들이라 일컬음을 받을 것임이요

10 의를 위하여 박해를 받은 자는 복이 있나니 천국이 그들의 것임이라

11 나로 말미암아 너희를 욕하고 박해하고 거짓으로 너희를 거슬러 모든 악한 말을 할 때에는 너희에게 복이 있나니

12 기뻐하고 즐거워하라 하늘에서 너희의 상이 큼이라 너희 전에 있던 선지자들도 이같이 박해하였느니라

▶ 소금과 빛

이런 믿을 수 없는 선언은 "너희는 세상의 소금", "너희는 세상의 빛"이라는 말로 이어집니다.

13 너희는 세상의 소금이니 소금이 만일 그 맛을 잃으면 무엇으로 짜게 하리요 후에는 아무 쓸데 없어 다만 밖에 버려져 사람에게 밟힐 뿐이니라 14 너희는 세상의 빛이라 산 위에 있는 동네가 숨겨지지 못할 것이요

다시 한번 말씀드리지만, 지금 산 위에 모여 있는 자들은 율법에 정통했던 바리새인이나 서기관, 당시에 막강한 힘을 가지고 권세를 부리던 로마의 관리들이 아닙니다. 극심한 가난에 시달리던 이스라

엘 백성, 그중에서도 약하고 병든 몸을 가진 '저주받은 사람들'입니다. 그들에게 주님은 "너희 착한 행실을 통해 하늘에 계신 아버지께 영광을 돌리게 하라"라고 말씀하십니다.

> 16 이같이 너희 빛이 사람 앞에 비치게 하여 그들로 너희 착한 행실을 보고 하늘에 계신 너희 아버지께 영광을 돌리게 하라

▶ 들었으나, 이르노니

예수님의 황당한 요구는 계속 이어집니다. 저주받은 인생들에게 "복되다" 하시고 그들을 소금과 빛이라고 말씀하신 주님은 한 단계 더 나아가 바리새인과 서기관들보다 더 높은 수준의 의(義)를 요구하십니다.

> 20 내가 너희에게 이르노니 너희 의가 서기관과 바리새인보다 더 낫지 못하면 결코 천국에 들어가지 못하리라

이런 주님의 요구가 얼마나 황당하고 무리한 것인지는 조금만 생각해보면 알 수 있습니다. 당장 하루 먹고 살 빵이 없어 오로지 끼니 걱정만 하고 살던 이들에게 율법을 지키라니요! 더구나 당시에 율법학자였던 바리새인과 서기관들보다 더 율법을 잘 지키라는 건 무리한 요구를 넘어 현실을 모르는 무지한 요구입니다.

그럼에도 주님은 21절 이하부터는 "너희가 들었으나 - 이르노니"

라는 구조로, 지금까지 들어왔던 율법의 요구보다 훨씬 더 높은 기
준을 제시하십니다.

너희는 살인하지 말라고 들었으나 나는 너희에게 이르노니 형제에게
노해서도 안 된다(21-22절).
너희는 간음하지 말라고 들었으나 나는 너희에게 이르노니 음욕조차
도 품어서는 안 된다(27-28절).
너희는 이혼하려면 이혼 증서를 줘야 한다고 들었으나 나는 너희에게
이르노니 이유 없이 이혼해서는 안 된다(31-32절).
너희는 맹세한 것을 지켜야 한다고 들었으나 나는 너희에게 이르노니
도무지 맹세하지 말라(33-34절).
너희는 눈은 눈으로 이는 이로 갚으라고 들었으나 나는 너희에게 이르
노니 악한 자를 대적하지 말라(38-39절).
너희는 네 이웃을 사랑하고 원수를 미워하라고 들었으나 나는 너희에
게 이르노니 원수를 사랑하며 너희를 박해하는 자를 위하여 기도하라
(43-44절).

그리고 5장의 마지막 말씀입니다.

48 그러므로 하늘에 계신 너희 아버지의 온전하심과 같이 너희도 온전하라

보통 목사의 한 장 묵상

산 위에서 도전하시는 주님

저마다의 아픔과 상처를 안고 산 위에 오른 자들은 누가 봐도 망가지고 불행하고 저주받은 인생이었습니다. 그들이 예수님을 따라 산에 오른 이유는 그저 자기 상처와 질병이 낫기를 바라서였습니다. 그러나 주님의 생각은 달랐습니다.

주님은 그저 상처 하나 치료하는 것에 만족하지 않으셨습니다. 가난하고 애통해하고 목마른 삶이 '저주'라고 여겼던 그들의 생각을 완전히 뒤바꾸셨습니다. 절뚝거리고 온전치 못한 그들의 삶이 세상의 소금이고 빛이라고 말씀하시고, 율법 하나 지키기도 버거웠던 그들에게 "온전하라"라고 말씀하셨습니다.

오늘도 주님은 우리를 산 위로 부르십니다. 산 아래에서 그저 내 상처와 아픔 하나 치료받고 돌아가기를 바랐던 우리를 붙잡아 산 위로 부르십니다. 그리고 그곳에서 우리의 생각과 존재를 뒤바꿔 놓으십니다. 너의 인생이 결코 하찮지 않다고, 하나님의 온전하심과 같이 온전할 수 있다고, 하나님께서 너를 통해 영광 받기를 원하신다고 응원하고 도전하십니다.

우리를 향한 주님의 의지가 얼마나 강한지는 무리를 향해 하신 말씀을 통해 분명히 알 수 있습니다.

"복이 있을 것이다"가 아니라 "복이 있나니"

세상의 소금과 빛이 "될 수 있다"가 아니라 너희는 "이미 세상의 소금이고 빛이다"

하늘에 계신 너희 아버지와 같이 "온전해질 수 있다"가 아니라 "온전하라"

반드시 그렇게 만들고야 말겠다는 주님의 강한 의지와 사랑이 느껴지지 않나요? 주님은 우리에게 그저 명령만 하시는 분이 아닙니다. 우리와 지금도 함께하셔서 우리를 높은 길 가는 인생으로 만드시는 분입니다. 그런 주님을 신뢰함으로 산 위로, 높은 길 걷는 저와 여러분 되시기를 주님의 이름으로 간절히 축복합니다.

한마디로 내 말은, 성숙한 사람이 되라는 것이다. 너희는 천국 백성이다. 그러니 천국 백성답게 살아라. 하나님이 주신 너희 신분에 합당하게 살아라. 하나님께서 너희에게 하시는 것처럼, 너희도 다른 사람들을 대할 때 너그럽고 인자하게 살아라. 마 5:48, 『메시지』

☕ 나의 한 장 묵상

- -

- -

- -

- -

****** grace

높은 부르심 감사합니다. 오늘 너무 힘든 하루였습니다. … 부족함이 너무 커서 퇴사를 말씀드렸습니다. 제 수준보단 너무나도 좋은 직장을 주셨지만 제 실수가 많아지면서 부끄럽고 창피해서 더 이상 다닐 수 없을 것 같았습니다. 그리고 퇴근하자마자 펑펑 울며 기도했습니다. 나 같은 존재가 어디서 쓰임받을까…. 하지만 말씀을 통해, 여전히 빛과 소금으로 부르시는 주님을 깨달았습니다. 어떤 결과에도 산 아래 있길 두려워하지 않겠습니다.

올바른 구제, 기도, 금식, 헌금이란?

산상수훈 2

📖 6장의 내용과 배경

6장에서도 지난 5장에 이어 산상수훈의 말씀이 계속됩니다. 6장은 다섯 부분으로 나눌 수 있습니다.

▶ 1절 선한 일을 할 때 주의할 점

▶ 2-4절 올바른 구제

▶ 5-15절 올바른 기도

▶ 16-18절 올바른 금식

▶ 19-34절 올바른 재물의 사용

▶ **선한 일을 할 때 주의할 점**

6장에서 예수님은 구제와 기도, 금식과 재물에 관해서 설교를 시작하기에 앞서, 선한 일을 할 때 주의할 점을 말씀하십니다.

¹ 사람에게 보이려고 그들 앞에서 너희 의를 행하지 않도록 주의하라 그리하지 아니하면 하늘에 계신 너희 아버지께 상을 받지 못하느니라

같은 구절을 메시지성경은 이렇게 옮기고 있습니다.

너희가 선한 일을 하려고 할 때에 그것이 연극이 되지 않도록 특히 조심하여라. 그것이 멋진 연극이 될 수 있을지는 몰라도, 너희를 지으신 하나님은 박수를 보내지 않으실 것이다. 마 6:1,『메시지』

아무리 선해 보여도 하나님께 박수를 받는 일이 있고, 그렇지 않은 일이 있다는 것입니다. 하나씩 간단히 살펴보겠습니다.

▶ 올바른 구제

누군가를 돕는다는 것은 누가 봐도 선한 일이 분명하지만, 구제조차도 나를 드러내고 내가 영광을 받기 위해서 할 수 있습니다. 그런 구제는 사람들에게는 박수를 받을 수 있어도 하나님의 박수를 받을 수는 없습니다. 반면, 나를 철저하게 숨기고 은밀하게 하는 구제는 하나님의 박수를 받을 수 있고 하나님께서 은밀하게 갚아주시는 은혜도 받게 됩니다.

간단히 정리하면 이렇습니다. 누구에게 보이느냐에 따라 상(賞)과 박수 쳐주는 대상이 달라집니다. 사람에게 보이려고 하면 사람들이 상을 주고 손뼉을 치지만, 하나님의 상과 박수를 받을 수 없습니다.

하지만 사람에게 보이려고 하지 않으면 사람이 아닌 하나님께서 그 것을 보시고 상과 박수를 보내주십니다.

4 네 구제함을 은밀하게 하라 은밀한 중에 보시는 너의 아버지께서 갚으시리라

이 패턴이 이후로 계속 반복되는데 기도도 마찬가지입니다.

▶ 올바른 기도

사람에게 보이려고 기도하면 사람들의 박수를 받을 수는 있지만, 하나님의 박수는 받을 수 없습니다. 그래서 골방에서 은밀한 중에 보시는 아버지께 구하라고 하시죠. 그럼 하나님께서 보시고 은밀하게 갚아주신다는 약속입니다.

6 너는 기도할 때에 네 골방에 들어가 문을 닫고 은밀한 중에 계신 네 아버지께 기도하라 은밀한 중에 보시는 네 아버지께서 갚으시리라

▶ 올바른 금식

금식도 역시 같은 패턴입니다. 슬픈 기색을 띠고 사람에게 보이려고 하는 금식은 하나님의 상을 받을 수 없습니다.

16 금식할 때에 너희는 외식하는 자들과 같이 슬픈 기색을 보이지 말라 그들은 금식하는 것을 사람에게 보이려고 얼굴을 흉하게 하느니라 내가 진실로 너희

에게 이르노니 그들은 자기 상을 이미 받았느니라

예수님은 올바른 금식이란 사람에게 보이지 않고 은밀한 중에 계신 하나님께 보이게 하는 것이라고 말씀하십니다.

18 이는 금식하는 자로 사람에게 보이지 않고 오직 은밀한 중에 계신 네 아버지께 보이게 하려 함이라 은밀한 중에 보시는 네 아버지께서 갚으시리라

▶ **올바른 재물의 사용**

마지막으로, 보물(재물)을 땅에 쌓아두는 것과 하늘에 쌓아두는 것을 비교하십니다. 보물을 '잘 보이는' 이 땅에 쌓아두면 좀먹고 녹슬며 심지어는 도둑맞기도 하지만, '보이지 않는' 하늘에 쌓아두면 안전하다는 말씀입니다.

19 너희를 위하여 보물을 땅에 쌓아두지 말라 거기는 좀과 동록이 해하며 도둑이 구멍을 뚫고 도둑질하느니라

이어지는 24절에서는 보이는 재물과 보이지 않는 하나님을 겸하여 섬길 수 없다고 말씀하십니다. 보이는 재물을 사랑하든 보이지 않는 하나님을 사랑하든 둘 중 하나만 할 수 있다는 것이죠.

24 한 사람이 두 주인을 섬기지 못할 것이니 혹 이를 미워하고 저를 사랑하거나

혹 이를 중히 여기고 저를 경히 여김이라 너희가 하나님과 재물을 겸하여 섬기지 못하느니라

먼저 보이지 않는 하나님의 나라와 그의 의를 위해 살 것을 강조하며 6장의 말씀이 끝납니다.

33 그런즉 너희는 먼저 그의 나라와 그의 의를 구하라 그리하면 이 모든 것을 너희에게 더하시리라

 보통 목사의 한 장 묵상

언젠가 찾아올 그날의 선택

사람에게 보이려고 외식하는 대표적인 사람들이 바로 바리새인과 서기관들입니다. 구제와 기도, 금식을 성실하게 행했지만 그들의 관심은 언제나 보이는 사람들에게 가 있었습니다. 바리새인과 서기관들은 철저한 구제와 기도와 금식 생활로 사람들의 박수와 인정을 받았지만, 그것이 그들에게 독이 되었습니다. 자신들을 향했던 사람들의 환호와 박수가 예수님에게 옮겨가자 그것을 참지 못하고, 예수님을 죽이려고 했거든요.

그런데 오늘 본문은 오해하기 쉬운 말씀 중 하나입니다. 말씀을 읽고 나면 외식하는 주변 사람들의 얼굴이 떠오르기도 합니다. 구제와 기도와 금식을 은밀하게 하지 않는 사람들. 교회에서 모르는 사람

이 없는 '구제 대장', '기도 대장', '금식 대장', '헌금 대장'들 말입니다.

우리는 종종 그런 분들의 헌신과 신앙을 바리새인이라고 평하며 너무 쉽게 폄하하곤 하는데요, 마태복음 5장에서 하신 예수님의 말씀을 떠올려보십시오.

> 내가 너희에게 이르노니 너희 의가 서기관과 바리새인보다 더 낫지 못하면 결코 천국에 들어가지 못하리라 마 5:20

바리새인과 서기관들을 쉽게 무시해서는 안 된다는 것입니다. 그들의 의보다 더 나아야 한다는 것은 그들을 뛰어넘어야 한다는 말씀입니다. 어떻게 바리새인과 서기관들의 의를 뛰어넘을 수 있을까요? 구제와 금식, 기도와 헌금 생활의 올바른 모습은 어떤 것일까요?

제 어린 시절을 돌아보면, 제 신앙은 사람들의 인정과 박수 소리로 만들어졌다고 해도 과언이 아닙니다. 어렸을 때 제가 구제하고 기도하고 금식하고 헌금하는 모습을 보고 부모님과 교회 어른들이 칭찬하며 박수를 쳐주셨고, 저는 더 많은 박수를 받고 싶어서 더 열심히 하기도 했습니다. 남들 몰래 했던 구제와 기도 생활이 나중에 사람들에게 알려져 칭찬을 받을 때는 얼마나 기분이 좋던지요.

이렇게 선한 일을 하게 되면, 아무리 숨어서 한다고 해도, 많은 경우 결국은 사람들에게 알려지게 되고 박수와 인정을 받곤 합니다. 선행이 아무에게도 알려지지 않는 것은 사실 불가능에 가깝습니다. 그래서 먼저는 사람들에게 알려질 것을 두려워하지 말고, 아니, 사람들에게 알려지도록 선한 일을 지속하는 것이 필요합니다. 티 나게 구제도 해보시고, 기도 대장이라는 소리도 좀 들어보시고, 금식 중이니 이번 주 저녁에는 시간이 안 된다고 이야기도 해보세요.

그런데 이제부터가 중요합니다. 사람들의 박수와 인정을 의식하며 선한 일을 하다 보면 아주 가끔은 사람들이 알아주지 못할 때가 찾아오기도 하는데 그때가 정말 중요합니다. 그때 어떤 선택을 하느냐에 따라서 바리새인이 될 수도 있고 예수님의 제자가 될 수도 있거든요.

아주 가끔 사람들이 나를 몰라줄 때 서운해하거나 삐진다면 그 길은 바리새인의 길입니다. 반대로 바로 그때, 보이지 않는 하나님을 생각하며 사람들이 몰라줬으니 하나님께서는 분명 보셨으리라 믿고 더욱 기뻐한다면 그 길은 분명 제자의 길입니다. 그렇게 보이는 사람들에게 잊혀가는 두려움보다도 보이지 않는 하나님의 박수 소리가 갈수록 크게 느껴진다면, 그 삶이야말로 하나님이 인정하시고 기뻐하시는 복된 삶인 줄로 믿습니다.

정리하겠습니다. 구제와 기도, 금식과 헌금 등의 선한 일들을 주변 사람들이 알 수 있도록 열심히 하시기 바랍니다. 모든 사람 앞에서 선한 일을 도모하고 행하십시오.

아무에게도 악을 악으로 갚지 말고 모든 사람 앞에서 선한 일을 도모하라

롬 12:17

그러다가 사람들의 칭찬과 박수가 점점 줄어들 때, 내 열심을 알아주는 사람들이 없다고 느껴질 때 실망하거나 슬퍼하지 마십시오. 그때야말로 보이지 않는 하나님께서 나를 보고 계시고 칭찬하시고 나를 향해 박수를 쳐주신다는 믿음으로 끝까지 선한 일을 도모하는 저와 여러분이 되기를 바랍니다.

☕ **나의 한 장 묵상**

....

....

....

....

그*람
제자로 살고 싶다 했으나 바리새인보다도 못한, 바리새인의 길로 향한 자였음을 깨닫습니다.

chapter
07

외롭고 의로운 길

산상수훈의 결론

📖 **7장의 내용과 배경**

7장은 5장부터 이어진 산상수훈의 마지막 장으로, 산상수훈의 결론과도 같은 말씀입니다. 7장은 다섯 부분으로 나눌 수 있습니다.

▶ 1-6절 비판하지 말라

▶ 7-12절 구하라, 찾으라, 두드리라

▶ 13-14절 좁은 문으로 들어가라

▶ 15-23절 열매로 알리라

▶ 24-29절 반석 위에 세운 집, 모래 위에 세운 집

7장에는 많이 들어본 말씀들이 보입니다. 먼저 "어찌하여 형제의 눈 속에 있는 티는 보고 네 눈 속에 있는 들보는 깨닫지 못하느냐" 하신 들보와 티의 비유, "구하라 찾으라 두드리라" 하신 말씀, 황금

률이라고 불리는, "남에게 대접을 받고자 하는 대로 남을 대접하라" 라는 말씀, 좁은 문으로 들어가라는 말씀, 열매로 그 사람을 알 수 있다는 말씀, "주여 주여" 하는 것보다 아버지의 뜻대로 행하는 것이 더 중요하다는 말씀, 마지막으로 반석 위에 세운 집과 모래 위에 세운 집의 비유까지 더 이상의 설명이 필요 없을 정도로 우리가 잘 알고, 또 읽기만 해도 이해가 가는 말씀들입니다.

언뜻 보기에는 어떤 공통점도 찾기 어려운, 그저 좋은 말씀을 모아놓은 잠언집처럼 보이기도 하지만 7장 본문을 읽을 때 한 가지 잊지 말아야 할 것이 있습니다. 이 말씀은 5장부터 시작된 산상수훈의 마지막 부분이라는 것입니다. 따라서 7장만 따로 떼어 읽으면 안 되고, 5장, 6장과 이어지는 흐름 속에서 읽어야 합니다.

▶ 비판하지 말라

앞서 예수님은 "내가 너희에게 이르노니 너희 의가 서기관과 바리새인보다 더 낫지 못하면 결코 천국에 들어가지 못하리라"(마 5:20)라고 하신 후 서기관과 바리새인보다 더 높은 기준을 제시하셨습니다. 5장에서는 "너희가 들었으나 … 나는 너희에게 이르노니"라는 형식으로 노함과 간음과 맹세 그리고 원수 사랑에 관해서, 6장에서는 구제와 기도, 금식과 재물에 관해서 더 높은 기준을 제시하셨죠.

산상수훈의 결론인 이 7장에서도 역시 높은 기준을 제시하십니다. 비판을 받고 싶지 않다면 비판하지 말라는 1절의 말씀은 쉽게 말해 내가 싫은 건 다른 사람도 싫어하니 하지 말라는 것입니다. 남에게 대접을 받고자 하는 대로 남을 대접하라는 12절의 황금률 말씀은 내가 좋아하는 것은 다른 사람도 좋아하니 베풀라는 것이고요.

▶ **구하라, 찾으라, 두드리라**

그런데 이런 맥락과는 전혀 맞지 않게 '기도'에 관한 말씀이 중간에 나옵니다.

> 7 구하라 그리하면 너희에게 주실 것이요 찾으라 그리하면 찾아낼 것이요 문을
> 두드리라 그리하면 너희에게 열릴 것이니

같은 말씀이 누가복음에도 나옵니다.

> 내가 또 너희에게 이르노니 구하라 그러면 너희에게 주실 것이요 찾으라 그러
> 면 찾아낼 것이요 문을 두드리라 그러면 너희에게 열릴 것이니 눅 11:9

이 말씀이 누가복음에서는 예수님이 제자들에게 기도를 가르치시는 본문에 들어 있는데 마태복음에서는 "비판하지 말라"와 "대접하라"의 중간에 들어 있습니다. 누가복음에서는 구하고 찾고 두드리며 '기도'하라는 것에 강조점을 둔다면, 마태복음에서는 기도보다는 뒤에 나오는, 무엇을 구하든 가장 좋은 것으로 주시는 하나님의 '성품'에 강조점이 있습니다. 이 단락의 마지막이 12절의 '황금률' 말씀으로 끝나는 것도 이 때문입니다.

¹² 그러므로 무엇이든지 남에게 대접을 받고자 하는 대로 너희도 남을 대접하라 이것이 율법이요 선지자니라

무엇을 구하든 가장 좋은 것으로 주시는 하나님을 신뢰하는 사람이 남에게도 아낌없이 대접하고 베풀 수 있다는 것이지요. 무엇을 구하든 가장 좋은 것으로 주시는 하나님. 그 하나님을 진실로 믿는다면 우리도 12절과 같은 결론을 내리지 않을까요?

▶ 좁은 문으로 들어가라

하지만 이러한 삶은 결코 낭만적이거나 편안하지 않습니다. 예수님도 "생명으로 인도하는 문은 좁고 길이 협착하여 찾는 이가 적음이라"(14절)라고 말씀하셨죠. 왜일까요?

▶ 열매로 알리라

그 삶은 반드시 '열매'로 증명되어야 하기 때문입니다. 예수님은 거짓 선지자들을 조심하라고 경고하십니다. 그들은 양의 옷을 입고 있지만 그 안에 노략질하는 이리의 본성을 숨기고 있다고 하시며, 겉모습이 아니라 그들이 맺고 있는 삶의 '열매'들을 보아야 한다고 말씀하십니다.

¹⁵ 거짓 선지자들을 삼가라 양의 옷을 입고 너희에게 나아오나 속에는 노략질하는 이리라 ¹⁶ 그들의 열매로 그들을 알지니 가시나무에서 포도를, 또는 엉겅

천국은 '주님'이라는 암호를 외친다고 들어갈 수 있는 것이 아니라, 아버지의 뜻대로 행해야만 들어갈 수 있다고 말씀하십니다.

암호를 정확히 안다고 해서, 예컨대 '주님, 주님' 한다고 해서 너희가 나 있는 곳 어디든지 올 수 있는 것은 아니다. 정말 필요한 것은, 진지한 순종이다. 내 아버지의 뜻대로 행하는 것이다. 마 7:21, 『메시지』

▶ 반석 위에 세운 집, 모래 위에 세운 집

마지막으로 예수님은 말씀을 듣고 행하는 자를 '반석 위에 집을 세운 지혜로운 사람', 듣기는 했지만 행하지 않은 자를 '모래 위에 집을 세운 어리석은 사람'으로 비유하십니다. 아무 일이 없을 때는 이 두 집에 별 차이가 없어 보입니다. 그러나 큰 비와 홍수로 바람이 불어올 때 반석 위에 세운 집은 든든히 서 있지만, 모래 위에 세운 집은 무너질 것이라고 하시며 산상수훈을 끝맺으십니다.

 보통 목사의 한 장 묵상

좁은 길을 걸어도 기뻐할 수 있는 이유

5-7장에 걸친 산상수훈은 스스로 자신을 저주받은 인생이라고 여긴 자들에게 주신 말씀입니다. 이들이 바란 것은 자신의 상처와 질

병이 낫는 것이었지만, 주님은 거기에 만족하지 않으셨습니다. 산 위에 오르신 주님은 그들에게 바리새인과 서기관들보다 '더 높은' 기준을 제시하시며, 좁고 협착한 길로 초청하십니다.

당장에 하루 먹고살 끼니를 걱정하는 그들에게 남을 대접하라고 하시고, 그렇지 않아도 삶이 고달픈 그들에게 '좁은 문'으로 들어가라고 말씀하시죠. 또 산 위에서 말씀을 듣는 것으로는 부족하며, 삶속에서 그 뜻대로 행할 것을 강조하십니다. 이런 주님의 부르심과 요구가 조금은 비현실적이고 과도해 보이기까지 합니다.

이 말씀들을 바리새인이나 서기관들에게 했다면 조금은 이해가 갑니다. 그렇다면 왜 예수님은 이 말씀을 바리새인이 아닌, 병 낫기를 위해 찾아온 무리에게 하신 걸까요?

11 너희가 악한 자라도 좋은 것으로 자식에게 줄 줄 알거든 하물며 하늘에 계신 너희 아버지께서 구하는 자에게 좋은 것으로 주시지 않겠느냐

산상수훈 전체에 흐르는 중요한 물줄기는 '보이지 않는 하나님에 대한 온전한 신뢰'입니다. 보이지 않는 하나님을 "아버지"라고 고백하는 '믿음'이 있을 때, 좁은 문으로 초청하시는 주님의 부르심에 응답할 수 있습니다.

실제로 산상수훈(5-7장)에는 "아버지"라는 말이 18번이나 나옵니다. 무엇이든 구할 때 가장 좋은 것으로 주시는 아버지 하나님을 경험한 사람, 그 믿음이 있는 사람만이 다른 사람에게도 아낌없이 베

풀 수 있습니다.

보이지 않는 아버지 하나님께서 지금도 나를 보고 계시고 나를 위한 상급과 보물을 하늘에 쌓아두신다는 믿음이 있는 사람만이 이 땅에서의 손해와 희생을 두려워하지 않고, 때로는 두렵더라도 도전해볼 수 있습니다. 또 아버지 되시는 하나님께서 모든 것을 판단하고 다스리신다는 믿음이 있는 사람만이 다른 이를 판단하거나 정죄하는 일을 멈출 수 있습니다.

이런 삶이 바로 비와 창수(漲水) 같은 어려움에도 무너지지 않는, '반석 위에 세운 집'과 같은 삶입니다.

> 24 그러므로 누구든지 나의 이 말을 듣고 행하는 자는 그 집을 반석 위에 지은 지혜로운 사람 같으리니 25 비가 내리고 창수가 나고 바람이 불어 그 집에 부딪치되 무너지지 아니하나니 이는 주추를 반석 위에 놓은 까닭이요

하지만 결코 쉬운 길은 아닙니다. 우리는 보이지 않는 것보다 보이는 것을 더 의지하거든요. 그래서 주님도 믿음의 삶이란 찾는 자가 적고 외로운 길이라며 "좁은 문"이라고 말씀하셨습니다.

> 13 좁은 문으로 들어가거라. 멸망으로 이끄는 문은 넓고, 그 길이 널찍하여서, 그리로 들어가는 사람이 많다. 14 생명으로 이끄는 문은 너무나도 좁고, 그 길이 비좁아서, 그것을 찾는 사람이 적다. 새번역

믿음의 길은 '외로운 길'이지만 그렇기에 그 길은 '의로운 길'입니다. 산상수훈의 말씀을 묵상하며, 나는 과연 외로운 길, 의로운 길을 걷고 있는가 돌아보게 됩니다. 혹시 내가 가려고 하는 길이 많은 사람이 주목하는 크고 넓은 길은 아니었나요? 오늘도 주님은 우리를 높고 좁은 길로 초청하십니다. 작은 일에 쉽게 분을 내고 조금의 손해도 견디지 못하는, 이렇게나 부족한 우리인데 말입니다. 준비물은 딱 하나입니다. 보이지 않는 하나님을 향한 전적인 신뢰! 그렇다면 우리는 그 길을 기쁘게 걸어갈 수 있습니다.

☕ 나의 한 장 묵상

- -

- -

- -

- -

*** 닭이일상
내가 걷는 길이 남들이 다 같이 가려는 큰 길이 아닌지 다시 한번 뒤돌아보며, 남들이 걷지 않아도 의심치 않고 의로운 길을 걸어갈 것을 다짐해봅니다.

ORDINARY PASTOR BIBLE in **10**-MINUTE

PART

02

천국을
보고 듣다

chapter
08

나병, 나만 모르는 병

예수님의 기적 1

마태복음 8장

📖 8장의 내용과 배경

5장부터 7장까지 산 위에서 설교를 마치신 예수님은 산 아래로 내려와 본격적으로 사역을 시작하며 많은 사람을 치유하고 기사와 이적을 보이십니다. 8장은 여섯 부분으로 나눌 수 있습니다. 8장부터 9장까지 모두 아홉 개의 기적이 기록되어 있는데, 8장에는 그중 다섯 가지 기적이 나옵니다.

▶ 1-4절 첫 번째 기적 : 나병환자를 고치심

▶ 5-13절 두 번째 기적 : 백부장의 하인을 고치심

▶ 14-15절 세 번째 기적 : 베드로의 장모를 고치심

▶ 16-22절 계속되는 기적과 예수님의 경고

▶ 23-27절 네 번째 기적 : 풍랑을 잔잔하게 하심

▶ 28-34절 다섯 번째 기적 : 귀신 들린 두 사람을 고치심

예수님 당시에는 병자들을 저주받은 사람으로 여겼습니다. 그러니 구별과 거룩함을 강조하는 유대인들이 병든 사람을 찾아가거나 그들의 몸에 손을 댄다는 건 상상할 수도 없는 일이었죠. 그러나 예수님은 소외된 자들, 또 저주받은 자라는 낙인이 찍혀 가까이하고 싶지 않은 자들에게로 향하셨고, 그들을 만져 고쳐주셨습니다.

8장에 나온 기적들을 하나씩 살펴보겠습니다.

▶ 첫 번째 기적 : 나병환자를 고치심

나병환자는 당시 유대 사회에서는 격리 대상이었지만 주님은 나병환자가 다가오는 것을 거절하지 않고 깨끗하게 치유해주십니다.

2 한 나병환자가 나아와 절하며 이르되 주여 원하시면 저를 깨끗하게 하실 수 있나이다 하거늘 3 예수께서 손을 내밀어 그에게 대시며 이르시되 내가 원하노니 깨끗함을 받으라 하시니 즉시 그의 나병이 깨끗하여진지라

▶ 두 번째 기적 : 백부장의 하인을 고치심

이방인인 백부장 역시 유대 사회에서 소외된 자였지만 예수님은 이방인 백부장의 요청을 거절하지 않고 그의 하인을 고쳐주십니다.

5 예수께서 가버나움에 들어가시니 한 백부장이 나아와 간구하여 6 이르되 주여 내 하인이 중풍병으로 집에 누워 몹시 괴로워하나이다 7 이르시되 내가 가서 고쳐주리라

▶ 세 번째 기적 : 베드로의 장모를 고치심

당시 유대 사회에서는 여인도 소외의 대상이었습니다. 주님은 베드로의 장모의 손을 만지시며 열병을 떠나가게 하십니다.

> 14 예수께서 베드로의 집에 들어가사 그의 장모가 열병으로 앓아누운 것을 보시고 15 그의 손을 만지시니 열병이 떠나가고 여인이 일어나서 예수께 수종 들더라

▶ 계속되는 기적과 예수님의 경고

어쩌다 한 번이 아니라 계속해서 기적을 보이신 주님에게 수많은 사람이 몰려옵니다.

> 16 저물매 사람들이 귀신 들린 자를 많이 데리고 예수께 오거늘 예수께서 말씀으로 귀신들을 쫓아내시고 병든 자들을 다 고치시니

세 번째 기적 이후, 무리 속에서 빠져나오신 예수님은 제자도를 가르치십니다.

> 18 예수께서 무리가 자기를 에워싸는 것을 보시고 건너편으로 가기를 명하시니라 … 20 예수께서 이르시되 여우도 굴이 있고 공중의 새도 거처가 있으되 인자는 머리 둘 곳이 없다 하시더라 … 22 예수께서 이르시되 죽은 자들이 그들의 죽은 자들을 장사하게 하고 너는 나를 따르라 하시니라

저는 이 단락을 연이은 기적과 수많은 무리의 환호에도 이에 취해서는 안 된다는 예수님의 경고로 보았습니다. 예수님을 따른다는 것은 무리의 환호 속에 머무는 것이 아니라 머리 둘 곳이 없는 고생의 길이며, 때로 주저함 없는 결단과 순종이 필요하다는 것이지요.

▶ 네 번째 기적 : 풍랑을 잔잔하게 하심

이 기적 역시 주님과 함께하는 삶이 늘 평온하고 안락한 것만은 아니라는 사실을 알려줍니다. 주님과 한 배를 타더라도 풍랑을 만날 수 있다는 것이죠.

> 24 바다에 큰 놀이 일어나 배가 물결에 덮이게 되었으되 예수께서는 주무시는지라

▶ 다섯 번째 기적 : 귀신 들린 두 사람을 고치심

귀신 들린 자 역시 사람과 사회로부터 철저하게 격리되고 소외되었지만, 예수님은 그들을 찾아가 고쳐주셨습니다.

> 28 또 예수께서 건너편 가다라 지방에 가시매 귀신 들린 자 둘이 무덤 사이에서 나와 예수를 만나니 그들은 몹시 사나워 아무도 그 길로 지나갈 수 없을 지경이더라

8장에 나온 다섯 가지 기적은 풍랑을 잔잔하게 하신 네 번째 기적 외에는 전부 병자를 고치는 치유 사역이었습니다. 예수님은 당시 저

주받았다고 여기는 병자들을 찾아가 치유해주셨는데 어쩌면 그들을 찾아가시는 그 자체만으로도 당시 사람들에겐 기적과 같은 생소하고 낯선 일이었을지 모릅니다. 예수님은 그들을 찾아가셨고, 그들을 만지셨고, 그들을 고치셨습니다.

 보통 목사의 한 장 묵상

태생보다는 태도, 자질보다는 자세

예수님이 베푸시는 기적을 경험한 사람들에게 공통점이 있다면 태생 아닌 태도, 자질 아닌 자세가 훌륭했다는 것입니다. 세상의 평가 기준과는 다르죠. 물론 최근 들어서는 세상도 태도의 중요성을 많이 말하고 있지만, 여전히 부모님이 누구이고, 어떤 집안에서 태어났고, 자산은 얼마나 되는지 등 그 사람의 태생을 태도보다 더 중요하게 보고, 뛰어난 능력 등의 자질을 자세보다 중요하게 여깁니다.

그러나 성경의 기준은 다릅니다. 모든 기적은 바로 예수님에게서 나오며 기적의 출발점이 예수님이시기에, 각 사람의 태생과 자질보다 훨씬 더 중요한 것은 바로 예수님을 향한 태도와 자세입니다. 태생과 자질이 어떠하건 예수님을 향한 바른 태도와 자세를 지닌 자가 놀라운 기적을 경험한다고 성경은 일관되게 말씀합니다.

예를 들어볼까요? 여기 두 항아리가 있습니다. 하나는 금(gold)으로 만든 금 항아리이고, 또 하나는 흙으로 만든, 그런데 금(crack)이 간 항아리입니다. 금 항아리와 금 간 항아리. 한 글자밖에 다르지 않지만 두 항아리의 가치는 엄청나게 차이가 납니다.

어느 비 내리는 날, 빗물을 받으려고 항아리를 밖에 내놓으면서 금 항아리는 거꾸로 뒤집어 놓고 금 간 항아리는 입구가 하늘을 향하게 제대로 세워 놓았습니다. 둘 중 어떤 것이 쓸모 있는 항아리일까요? 당연히, 금이 갔더라도 제대로 세워져서 빗물을 받은 항아리입니다.

'금으로 만든'과 '금이 간'이 항아리의 태생과 자질을 뜻한다면, 그 항아리가 어떻게 세워져 있는가는 태도와 자세를 말합니다. 아무리 순금으로 만들어졌어도 바로 서 있지 않으면, 즉 바른 태도와 자세가 없다면 쓸모가 없다는 것입니다.

예수님과의 관계도 마찬가지입니다. 예수님은 우리의 신분과 자산, 자질과 능력치를 보지 않으십니다. 아무리 재산이 많고 대단한 스펙과 능력을 갖추었다고 해도 예수님 앞에서는 먼지와도 같거든요. 그래서 예수님이 보시는 것은 우리의 태도와 자세입니다. 우리 몸이 예수님을 향해 있는지, 마음과 생각이 예수님을 향해 열려 있는지를 보십니다.

오늘 말씀에 나오는 나병환자에게는 예수님을 향한 바른 태도와 자세가 있었습니다. 그의 태생과 자질은 형편없었죠. 원치 않는 질병으로 철저하게 격리되고 무시당했던 그의 인생은 금 간 정도가 아니라 깨지고 산산이 부서진 항아리와도 같았습니다. 그랬던 그의 인생이 예수님을 만나 완전히 달라졌습니다.

나병환자가 보여준 몸과 마음의 태도

한센병이라고도 불리는 나병의 주요 증상은 무감각입니다. 나병에 걸리면 감각이 없어져서 뜨거운 것을 만져도, 염증 때문에 벌레가 살을 파먹어도 느끼지 못합니다. 살이 썩어들어가고 심지어 코가 문드러져도 감각이 없다고 합니다.

그래서 저는 나병에 '나만 모르는 병'이라는 이름을 지어봤는데요, 영적인 나병 상태가 되면 하나님과의 관계, 이웃과의 관계가 망가지고 영혼이 파괴되어도 그 심각성을 느끼지 못합니다. 언제든 나도 영적인 나병에 걸릴 수 있다고 생각하니 이 본문이 더욱 특별하게 다가옵니다.

본문에 나오는 나병환자의 몸과 마음, 이 두 가지가 보여주는 태도에 주목해보십시오.

먼저 대가 지불을 두려워하지 않는 몸의 태도입니다. 앞서 말씀드린 대로 당시 유대 사회는 병, 특히 이 나병에 걸린 것을 천벌 받은 것으로 여겼습니다. 중세 유럽 시대만 해도 나병환자들은 검은 외투처럼 한눈에 알아볼 수 있는 옷을 입고, 피리나 방울 등을 가지고 다녔습니다. 혹시라도 주변에 사람들이 다가올 때, 내가 부정한 나병환자라는 사실을 알릴 의무가 있었기 때문입니다. 중세가 이 정도니 예수님 시대에는 더했겠죠.

그런데 산에서 내려오신 예수님을 향해 나병환자가 다가갑니다. 이 행동은 정말 위험한 행동이었습니다. 지금 예수님 곁에는 사람들이 많았거든요.

예수님에게 다가가다가 자신이 나병환자라는 사실을 들키면 욕
설을 듣는 것은 물론이고, 죽을 수도 있었습니다. 그러나 그는 자신
을 향한 비난과 위협에 굴하지 않았죠. 죽음을 각오하고 예수님 앞
으로 간 나병환자의 모습에서 나는 과연 주님께 더 가까이 가기 위
해 어떤 대가를 지불하고 있는지 돌아보게 됩니다.

두 번째는 결정권을 주님께 드리는 마음의 태도입니다.

² 한 나병환자가 나아와 절하며 이르되 주여 원하시면 저를 깨끗하게 하실 수
있나이다 하거늘

죽음을 무릅쓴 나병환자의 첫 마디가 놀랍습니다. "원하시면 저
를 깨끗하게 하실 수 있나이다"라니요. "내가 이렇게 왔으니 나를 고
쳐주세요! 고쳐주셔야만 해요!"가 아니라, "'주님께서 원하신다면'
저를 깨끗하게 하실 수 있습니다"였습니다. 그는 결정권을 자신이
쥐는 대신 주님께 드렸습니다. 이 말에는 주님이 원하지 않으시면
깨끗하게 하지 않으셔도 괜찮다는 고백도 담겨 있습니다. '그리 아
니하실지라도'의 믿음입니다. 나는 결정권을 주님께 드리고 있나요?

이 나병환자는 대가 지불을 두려워하지 않는 몸의 태도, 결정권을
주님께 드리는 마음의 태도를 보여주었습니다.

오랫동안 말씀과 기도와 상관없이 살고, 또 이웃을 향한 긍휼과

사랑의 마음이 없이 살고 있는데도 어떤 불안함도 갈급함도 느껴지지 않는다면 어쩌면 영적 나병에 걸린 것일 수 있습니다. 영적 무감각증이죠. 만약 그렇다면 이 본문의 나병환자처럼 어떤 위협과 손해에도 주님께 가까이 가는 몸의 태도, 마지막 결정권을 주님께 드리는 마음의 태도를 가져보면 어떨까요? 그럴 때 주님의 손이 우리에게 닿아 깨끗하게 치유될 줄로 믿습니다.

> 3 예수께서 손을 내밀어 그에게 대시며 이르시되 내가 원하노니 깨끗함을 받으라 하시니 즉시 그의 나병이 깨끗하여진지라

☕ 나의 한 장 묵상

....
....
....
....

정*선

주님은 소외된 자를 주목하고 계셨군요. 주님을 믿어도 시련이 있겠지만 항상 주님이 저와 함께하심을 믿고 의지하겠습니다. 자칫 생명을 잃을 수도 있을 텐데 나병환자가 너무 대단하네요. 항상 주님께서 결정권이 있다는 것을 믿고 오늘도 한걸음 주님을 향해 나아갑니다.

신앙생활이 힘든 이유

예수님의 기적 2

📖 **9장의 내용과 배경**

8장부터 9장까지 총 아홉 가지의 기적이 나오는데 8장에 다섯 가지 기적이 나왔고, 이어지는 9장에는 네 가지 기적이 나옵니다. 9장은 여섯 부분으로 나눌 수 있습니다.

▶ 1-8절 여섯 번째 기적 : 중풍병자를 고치심

▶ 9-17절 새 포도주는 새 부대에

▶ 18-26절 일곱 번째 기적 : 혈루증 앓는 여인을 고치고 관리의 딸을 살리심

▶ 27-31절 여덟 번째 기적 : 시각장애인의 눈을 뜨게 하심

▶ 32-34절 아홉 번째 기적 : 귀신 들려 말 못 하는 사람을 고치심

▶ 35-38절 예수님의 기적에 관한 결론의 말씀

▶ 여섯 번째 기적 : 중풍병자를 고치심

사람들이 침상에 누운 중풍병자를 예수님에게 데려옵니다. 예수님은 병자를 데려온 이들의 믿음을 보시고 이 중풍병자를 고쳐주십니다. 역시 연약하고 소외된 자를 긍휼히 여기고 치유하시는 예수님의 사랑을 알 수 있는 대목입니다.

▶ 새 포도주는 새 부대에

예수님은 세리 마태를 제자로 부르시고, 마태의 집에서 많은 세리와 죄인들과 함께 식사하십니다.

> 9 예수께서 그곳을 떠나 지나가시다가 마태라 하는 사람이 세관에 앉아 있는 것을 보시고 이르시되 나를 따르라 하시니 일어나 따르니라 10 예수께서 마태의 집에서 앉아 음식을 잡수실 때에 많은 세리와 죄인들이 와서 예수와 그의 제자들과 함께 앉았더니

예수님은 죄인들과의 식사를 못마땅해하는 바리새인들에게 "나는 의인을 부르러 온 것이 아니라, 죄인을 부르러 왔다"(새번역)라고 말씀하십니다.

> 11 바리새인들이 보고 그의 제자들에게 이르되 어찌하여 너희 선생은 세리와 죄인들과 함께 잡수시느냐 12 예수께서 들으시고 이르시되 건강한 자에게는 의사가 쓸데없고 병든 자에게라야 쓸 데 있느니라 13 너희는 가서 내가 긍휼을 원하

> 고 제사를 원하지 아니하노라 하신 뜻이 무엇인지 배우라 나는 의인을 부르러
> 온 것이 아니요 죄인을 부르러 왔노라 하시니라

이어서 세례 요한의 제자들이 당시의 금식 규례를 따르지 않는 예수님의 제자들에게 의문을 제기하자 예수님은 기존의 낡고 고루한 유대적 사고방식으로는 새 포도주(예수님의 기적)를 담을 수 없다고 말씀하십니다.

> 17 새 포도주를 낡은 가죽 부대에 넣지 아니하나니 그렇게 하면 부대가 터져 포
> 도주도 쏟아지고 부대도 버리게 됨이라 새 포도주는 새 부대에 넣어야 둘이 다
> 보전되느니라

이는 지난 8장에서 강조했던, 예수님을 향한 태도와 자세의 변화와 같은 맥락입니다.

▶ 일곱 번째 기적 : 혈루증 앓는 여인을 고치고 관리의 딸을 살리심

하나의 이야기 안에 두 사람이 등장합니다. 아픈 딸을 둔 관리와 혈루증에 걸린 여인입니다. 여기 나오는 한 관리는 마가복음과 누가복음의 병행 구절을 보면 회당장 야이로인 것을 알 수 있습니다.

> 회당장 중의 하나인 야이로라 하는 이가 와서 예수를 보고 발 아래 엎드리어
> 막 5:22

이에 회당장인 야이로라 하는 사람이 와서 예수의 발 아래에 엎드려 자기 집에 오시기를 간구하니 눅 8:41

당시 회당장은 유대인들 사이에서도 존경받는 사람들만 할 수 있었습니다. 바리새인 중의 바리새인이던 야이로였으나 딸의 죽음 앞에서 그도 한없이 나약한 인간에 불과했습니다. 모든 체면을 무릅쓰고 예수님 앞에 엎드렸고, 예수님은 회당장의 딸을 살리십니다.

이렇게 회당장 야이로의 딸을 살리시는 사건 중간에 혈루증 걸린 여인이 등장합니다. 예수님이 야이로를 따라가실 때 혈루증 걸린 여인이 다가와 예수님의 겉옷 가를 만지고, 고침을 받습니다.

회당장 야이로와 혈루증에 걸린 여인이 같은 자리에서 같은 경험을 하는 것은 당시 유대 사회에서는 좀처럼 보기 드문 일입니다. 예수님이 계셨기에 가능했던 것이죠. 사람들이 만들어 놓은 계급과 지위의 높고 낮음은 예수님 앞에서 사라지게 됩니다. 지체 높은 회당장 야이로의 딸도, 천하게 여겨졌던 혈루증 여인도 예수님 안에서 같은 날, 같은 기적을 경험합니다.

▶ 여덟 번째 기적 : 시각장애인의 눈을 뜨게 하심

예수님은 그분을 찾아온 두 맹인의 믿음을 확인하시고, 눈을 만지며 치유하신 후에 그들에게 아무에게도 알리지 말라고 엄히 말씀하십니다.

30 그 눈들이 밝아진지라 예수께서 엄히 경고하시되 삼가 아무에게도 알리지 말라 하셨으나

예수님이 원하신 것이 사람들의 인기나 인정이 아니었다는 것을 알 수 있죠. 치유와 위로 그 자체가 목적이었습니다. 사람들에게 보이고 알려지는 것을 꺼리시는 예수님의 이런 모습은 "사람에게 보이려고 그들 앞에서 너희 의를 행하지 않도록 주의하라"(마 6:1)라고 하신 지난 산상수훈을 떠올리게 합니다(5-7장 참고).

▶ 아홉 번째 기적 : 귀신 들려 말 못 하는 사람을 고치심

여기서 눈에 띄는 구절은 33절과 34절입니다. 많은 무리가 예수님의 기적에 매우 놀랐지만 똑같은 기적을 보고도 바리새인들은 귀신의 일이라며 예수님을 믿지 않습니다.

33 귀신이 쫓겨나고 말 못 하는 사람이 말하거늘 무리가 놀랍게 여겨 이르되 이스라엘 가운데서 이런 일을 본 적이 없다 하되 34 바리새인들은 이르되 그가 귀신의 왕을 의지하여 귀신을 쫓아낸다 하더라

 보통 목사의 한 장 묵상

아프고 불편한 가시밭길을 걷고 있다면

이렇게 총 아홉 개의 기적을 살펴보았는데요, 두 장에 걸친 기적

들을 결론 짓는 마지막 말씀입니다.

> 35 예수께서 모든 도시와 마을에 두루 다니사 그들의 회당에서 가르치시며 천
> 국 복음을 전파하시며 모든 병과 모든 약한 것을 고치시니라 36 무리를 보시고
> 불쌍히 여기시니 이는 그들이 목자 없는 양과 같이 고생하며 기진함이라 37 이
> 에 제자들에게 이르시되 <u>추수할 것</u>은 많되 일꾼이 적으니 38 그러므로 추수하
> 는 주인에게 청하여 추수할 일꾼들을 보내주소서 하라 하시니라

예수님이 찾아가고 치유하신 대상이 누구였나요? 병에 걸리고 약
한 자들, 목자 없는 양과 같이 고생하며 기진한 무리였습니다. 하나
같이 생각만 해도 부담스럽고 다가가기 꺼려지는 사람들인데 이들
을 향한 주님의 평가가 놀랍습니다. 주님은 이들을 향해 "추수할 것"
이라고 말씀하십니다. 즉 그들은 품에 안아야 하는, 탐스럽고 무르익
은 열매와 상급이라는 것입니다. 우리가 보기에는 부담스럽고 별로
도움이 될 것 같지 않은 그들을 섬기고 치유하는 일이야말로 추수하
는 것과 같은 놀라운 상급이고 열매라고 말씀하십니다.

상상해봅니다. 공생애 3년 동안 쉴 틈 없이 병든 자와 약한 자들
을 찾아다니신 예수님의 발걸음이 어땠을까요? 결코 무겁지 않았을
것입니다. 억지로 끌려가듯 다니지 않으셨을 것입니다. 오히려 무
르익은 풍성한 곡식들을 수확하기 위해 떠나는 가볍고 경쾌한 농부
의 발걸음이었을 것입니다.

그리고 주님은 저와 여러분을 그 밭으로, 일꾼으로 부르고 계십니

다. 일꾼이 없는 것이 당연합니다. 우리 눈에는 절대 그 길이 추수 밭길처럼 보이지 않고, 도리어 피하고 싶은 가시밭처럼 보이거든요. 그래서 신앙생활은 쉽지 않습니다. 그러나 예수님이 먼저 그 길을 가셨고, 오늘도 일꾼이 없다고 한탄하시며 저와 여러분을 그 밭으로 부르고 계십니다. 어쩌면 내가 그토록 피하고 싶었던 사람과 사역이 주께서 부르시는 추수 밭인지도 모릅니다.

작은 일, 아픈 가시가 열매와 상급이다

《반지의 제왕》 저자로 유명한 톨킨(J.R.R. Tolkien)의 작품 중 〈Leaf by Niggle〉(니글의 이파리)이라는 단편 소설이 있습니다. 이 책의 주인공인 니글에게는 이루고 싶은 꿈이 하나 있었습니다. 크고 멋진 나무 그림을 그리는 꿈이었죠. 니글은 큰 나무를 그리기 위해 커다란 캔버스도 준비했는데, 캔버스가 얼마나 큰지 사다리를 타고 올라가야 했습니다. 머릿속에는 이미 완성된 그림의 이미지도 있었습니다. 그 이미지 속의 크고 멋진 나무와 그 뒤로 펼쳐진 멋진 풍경을 생각하며, 그는 그림을 그리기 시작했습니다.

그런데 좀처럼 진도가 나가지 않았습니다. 두 가지 이유 때문이었는데요, 먼저 니글 자신이 이파리 하나를 그리는 데 지나치게 오랜 시간을 쏟았기 때문입니다. 이파리의 음영과 광택, 표면에 맺힌 이슬방울까지 있는 그대로 그리려고 온 힘을 기울였습니다. 커다란 캔버스 위에 별로 티도 안 나는 작은 이파리 하나에 집중했으니 그림에 진척이 있을 리 없겠죠.

또 다른 이유는 이웃들의 사소한 부탁들 때문이었습니다. 그림에 좀 집중하려고 하면 이웃들이 크고 작은 일을 부탁해왔습니다. 마음이 따뜻한 니글은 그때마다 그림 그리기를 멈추고 이웃에게 달려갔죠.

어느 비 오는 밤, 한 이웃이 자기 아내가 아프니 어서 의사를 불러와 달라고 니글에게 성화를 부립니다. 누가 봐도 부당하고 무례한 부탁인데도 니글은 비가 내리는 추운 밤거리를 달려 의사를 불러옵니다. 그런데 비를 맞은 탓에 그만 독감에 걸리고 말죠. 니글은 아픈 몸을 이끌고 어떻게든 그림을 완성하려고 애쓰지만 결국 세상을 떠나고 맙니다. 큰 캔버스 위에 이파리 하나만 달랑 남겨두고서….

그러나 이야기는 여기서 끝나지 않습니다. 하늘나라에 간 니글은 그곳에서 믿을 수 없는 광경을 보게 됩니다. 그가 머릿속으로 그렸던 커다란 나무, 바로 그 나무가 자신의 눈앞에 있는 것입니다.

주인공의 이름인 니글(Niggle)은 영어 단어로 '깨작거리다, 비능률적으로 일하다, 쓸데없이 시시콜콜한 일에 시간을 낭비하다'라는 뜻입니다. 사람들의 눈에 니글의 삶은 그가 남긴 이파리 그림 하나처럼 비능률적이고 쓸데없어 보였습니다. 이 땅에서 남긴 것이 겨우 이파리 그림 하나라니, 누가 니글의 삶을 주목하고 칭찬하겠습니까?

그러나 하나님은 니글을 주목하셨습니다. 비록 그는 이웃들의 여러 부탁을 들어주느라 그 큰 캔버스에 자그마한 이파리 그림 하나만 남겼을 뿐이지만, 하나님은 그의 삶을 큰 나무와 같이 여기셨습니다. 그 증거가 하늘나라에서 본 큰 나무였죠.

우리가 하는 일이 때로는 '니글의 이파리'처럼 쓸데없고 가치 없어 보이기도 합니다. 특히 교회 일이 그렇죠. 주변 사람들의 수많은 요구 때문에 미처 내 할 일을 하지 못할 때가 많고, 나를 불편하게 하는 가시 돋친 말들 때문에, 기쁨과 즐거움으로 사역할 때보다는 가시밭을 걷는 것처럼 불편하고 고통스러울 때가 훨씬 더 많습니다.

그러나 오늘 말씀을 통해 주님은 우리를 이렇게 위로해주십니다. 가시밭과 같은 그 길이 추수 밭이라고, 가시처럼 아프게 하는 그 사람들이 네게 큰 상급과 열매라고 말입니다.

☕ **나의 한 장 묵상**

이*숙

맞습니다. 내가 만나기 싫은 그 사람, 가기 싫은 그곳이 추수할 밭입니다. 예수님처럼 그 추수 밭으로 가볍게 가는 자가 되게 도와주십시오!

영적 원시遠視를 조심하라!

예수님의 제자훈련 핵심 가이드

마태복음 10장

📖 10장의 내용과 배경

10장은 두 부분으로 나눌 수 있습니다.

▶ 1-4절 열두 제자를 부르심

▶ 5-42절 열두 제자를 파송하심

▶ 열두 제자를 부르심

9장에서 "추수할 것은 많지만 일꾼이 적다"라고 말씀하신 예수님은 10장에서 열두 명의 일꾼, 즉 열두 제자를 부르시고 일꾼이 감당할 임무와 감수해야 할 위험, 그리고 누리게 될 영광 등을 말씀하십니다.

1절에서 열두 제자를 불러 그들에게 귀신을 쫓아내고 모든 병과모든 약한 것을 고치는 권능을 주시는데 이 능력은 앞서 9장에 나오는 예수님의 능력과 같습니다.

> 예수께서 모든 도시와 마을에 두루 다니사 그들의 회당에서 가르치시며 천국
> 복음을 전파하시며 모든 병과 모든 약한 것을 고치시니라 마 9:35

▶ 열두 제자를 파송하심

엄청난 권능과 능력을 가진 제자들! 그러나 아직 기뻐하기엔 이릅니다. 권능을 주셨다는 1절의 말씀 이후에는 줄곧 제자들이 받을 고난과 위험들이 나오거든요. 그 내용을 간단히 정리해보면 이렇습니다.

1. 예수님이 주신 능력을 돈벌이로 생각하지 마라(8절)
2. 너무 많이 가지려고 욕심부리지 마라(10절)
3. 늘 환영받지는 않을 것이다(14절)
4. 환영은 고사하고 미움을 받게 될 것이다(22절)
5. 때론 도망도 다녀야 할 것이다(23절)
6. 목숨을 위태롭게 하는 상황과 사람을 만날 수도 있다(28절)
7. 편안한 삶을 바란다면 그 꿈을 깨라! 이전과는 다른 싸움이 시작될 것이다(34절)

어떤가요? 9장에서 예수님이 왜 일꾼이 적다고 하셨는지 아시겠죠? 절대 아름답고 탐스러운 추수 밭이 아닙니다. 그야말로 가시밭

길이고 좁은 문이고 좁은 길입니다. 그러고 보면 이런 예수님의 부르심에 응답한 열두 제자들이 더욱 대단해 보입니다.

> 2 열두 사도의 이름은 이러하니 베드로라 하는 시몬을 비롯하여 그의 형제 안드레와 세베대의 아들 야고보와 그의 형제 요한, 3 빌립과 바돌로매, 도마와 세리 마태, 알패오의 아들 야고보와 다대오, 4 가나나인 시몬 및 가룟 유다 곧 예수를 판 자라

 보통 목사의 한 장 묵상

크고 위대한 구원 역사, 작고 사소한 시작

예수님이 제시하신 제자의 삶을 다시 한번 생각해보시죠.

1. 돈 벌 생각 하지 마라
2. 욕심부리지 마라
3. 환영받지도 못한다
4. 환영보다는 미움을 더 받게 된다
5. 도망도 다녀야 한다
6. 목숨까지도 잃을 수 있다
7. 전혀 다른 싸움이 시작된다

이런 말도 안 되는 제안을 받아들인 사람이 열두 제자이고 바로 저

와 여러분입니다. 우리 중 돈 벌기 위해서, 욕심을 채우기 위해서, 환영받기 위해 예수님을 따르는 사람은 아무도 없을 것입니다. 세상은 이해 못 하는 가시밭 같은 길을 가겠다고 다짐한 사람들이죠.

그런데 이렇게 엄청나고 중대한 결심으로 주님을 따르는 자들이 조심할 것이 있습니다. 그건 바로 영적 원시(遠視)입니다. 원시는 근시와는 달리, 멀리 있는 것은 잘 보지만 가까이 있는 물체를 잘 보지 못하는 것을 말합니다. 영적 원시란 주님의 부르심을 가깝고 사소한 곳이 아닌 먼 곳에서만 찾으려 하는 행위나 태도를 빗대어 붙여본 이름입니다.

예수님이 제자들에게 가장 처음으로 하신 말씀이 바로 영적 원시를 조심하라는 것이었습니다. 주님은 제자들에게 멀리 갈 필요 없이, 너와 가장 가까이에 있는, 손닿을 거리에 있는 사람들에게 먼저 복음을 전하라고 말씀하십니다.

> 5 예수께서 이 열둘을 내보내시며 명하여 이르시되 이방인의 길로도 가지 말고 사마리아인의 고을에도 들어가지 말고 6 오히려 이스라엘 집의 잃어버린 양에게로 가라

우리는 종종 하나님의 부르심이 저 멀리, 저 높은 곳에 있다고 생각합니다. 그래서 오늘, 그리고 지금 삶의 자리에서 주어진 부르심에 소홀할 때가 있습니다.

주님은 이런 우리에게 당부하시듯 10장을 통해 "이방인의 길로도

가지 말고, 사마리아의 고을에도 들어가지 말고, 오히려 이스라엘 집의 즉, 너와 가장 가까이 있는 잃어버린 양에게로 가라"라고 말씀하십니다.

C. S. 루이스의 책 《스크루테이프의 편지》(The Screwtape Letters)에서 선임 악마 스크루테이프는 어떻게 하면 사람들의 관계를 망가뜨릴 수 있는지 후배 악마에게 가르치면서, 사람들이 가장 기본적인 의무는 등한시한 채 가장 어렵고 영적인 의무에만 마음 쓰게 하라고 합니다. 그러면서 자기가 맡은 환자(그리스도인) 중에는 "아내나 아들의 '영혼'을 위해서는 열렬한 기도를 쏟아 놓다가도, 진짜 아내나 아들에게는 기도하던 그 자리에서 곧바로 욕설과 폭력을 서슴지 않는"[3] 인간들이 있었다고 말합니다.

우리는 주님의 제자로 부름을 받아 하나님의 거대한 구원 역사에서 한 부분을 맡게 되었습니다. 하나님의 구원 역사는 우리 생각보다 훨씬 크고 위대하지만 그 시작은 언제나 작고 사소해야 합니다. 그것이 하나님 나라의 원리이고 신비입니다. 먼 곳부터 갈 필요 없이, 지금 내 곁에 있는 사람. 그 사람과의 관계에서 아주 사소한 문제부터 하나님의 성품과 사랑을 드러낼 때, 바로 그곳에 하나님의 나라가 임하게 됩니다.

---

3) C. S. 루이스, 《스크루테이프의 편지》, 김선형 역(홍성사, 2018), p. 28.

나는 고함 지르는 평화주의자?

《오늘이라는 예배》(Liturgy of the Ordinary)의 저자 티시 해리슨 워런(Tish Harrison Warren)은 20대 시절, 대부분의 시간을 복음주의 운동을 하며 보냈습니다. 그녀는 세상을 바꾸고 싶었고, 적어도 아주 조금이라도 바꾸고 싶었습니다. 정의를 추구하고 '지극히 작은 자'를 섬기는 공동체의 일원이 되고 싶어서 노숙인을 돕기도 하고, 몇몇 기독교 공동체에서 지내며 이러한 하나님 나라 운동에 열심을 냈습니다.

그런 그녀가 결혼하고 아이를 낳고 살아가면서, 정작 가장 가까이에 있는 가족들을 소홀히 대하고 있는 자기 모습을 발견하게 됩니다. 물론 나이가 들고 아내와 엄마가 되어서도 하나님 나라의 비전은 여전히 그녀를 강렬하게 사로잡지만, 그녀는 자기가 종종 가장 사랑하는 사람들과 온종일 다툼과 논쟁을 벌이고 있다며 그런 자신을 가리켜 "남편에게 고함을 지르는 평화주의자"[4]라고 표현했습니다.

그러면서 "세상 속에서 하나님의 평화와 선교를 추구하는 일은 내가 있는 곳, 나의 집, 나의 동네, 나의 교회에서 바로 내 옆에 있는 사람들과의 관계에서 시작되어야 함"[5]을 조금씩 깨닫고 있다고 고백했습니다. 하나님의 나라는 먼 곳이 아닌, 바로 내 옆에 있는 사람들과의 관계에서부터 시작된다는 것이죠.

여러분은 어떠신가요? 혹시 여러분도 '남편이나 아내, 친구들이

---

4) 티시 해리슨 워런, 《오늘이라는 예배》, 백지윤 역(IVP, 2019), p.116.
5) 같은 책, p.117.

나 아이들에게 고함을 지르는 평화주의자'는 아니신가요? 우리 안에 아무리 크고 놀라운 복음을 향한 열정과 하나님에 대한 사랑이 불일 듯 일어난들 지금 내 곁에 있는 사람에게도 전해지지 않는다면 어떻게 그 사랑이 하나님께 닿을 수 있겠습니까?

제자들을 부르시고, 그들에게 하신 주님의 첫 명령을 기억하세요.

"먼 곳부터 가지 말아라. 가장 가까운 곳에 있는 잃어버린 자에게로 가라."

오늘 내가 다가가야 할 '잃어버린 사람'은 누구인가요? 혹시 진정으로 사랑해야 할 대상을 향해 아무렇지 않게 고함을 지르고 있지는 않나요? 오늘부터 곁에 있는 사람을 위해 따뜻한 눈빛과 말 한마디, 평화의 인사를 건넬 수 있기를 바랍니다. 그런 평범한 하루하루가 쌓여, 마치 누룩과 같이 하나님의 나라가 놀랍도록 번져가고 커져갈 줄 믿습니다.

예수께서 열두 명의 추수할 일꾼을 보내시며 이렇게 당부하셨다.

"믿지 않는 자들을 회심시키려고 먼 곳부터 다니지 마라. 공공연한 적과 거창하게 싸우려 들지도 마라. 바로 여기 가까이 있는 잃어버린 사람들, 혼란에 빠진 사람들한테 가거라. 그들에게 하나님 나라가 여기 있다고 말하여라. 마 10:5,6, 『메시지』

☕ **나의 한 장 묵상**

- -

- -

- -

- -

*러기

가족에게서부터 주님의 사랑을 실천해야 했는데 반성하고 회개하게 되네요. 주님의 의를 이루는 삶을 살기를 더욱 힘쓰고 애써야겠어요. 먼저 성내고 화내고 고함치는 것부터 고치도록 노력하겠습니다.

기대가 다르면 기적도 소용없다

기적을 보고도 회개하지 않는 이유

11장의 내용과 배경

11장은 세 부분으로 나눌 수 있습니다. 언뜻 보면 각각 다른 세 개의 이야기처럼 보입니다.

▶ 1-19절 세례 요한과 예수님

▶ 20-24절 기적을 보고도 회개하지 않는 도시들에 대한 경고

▶ 25-30절 수고하고 무거운 짐 진 자들을 향한 초청

▶ 세례 요한과 예수님

4장에서 체포되었던 세례 요한은 11장에서 예수님에게 자신의 제자들을 보내 당신이 정말 우리가 기다리던 메시아가 맞느냐고 질문합니다.

³ 예수께 여짜오되 오실 그이가 당신이오니이까 우리가 다른 이를 기다리오리이까

이 물음에 예수님은 5,6절에서 대답해주시고(이 대답에 관해서는 한 장 묵상에서 나눠보겠습니다), 이어지는 7절 이하에서 세례 요한을 높이 평가하신 후, 15절 이하에서 이런 요한과 예수님을 거부하는 세대의 어리석음에 관해 말씀하십니다.

▶ 기적을 보고도 회개하지 않는 도시들에 대한 경고

두 번째 단락인 20절 이하에서는 회개하지 않는 도시들에 대한 책망의 말씀이 나옵니다. 여기서 주목할 사실은 책망받은 고라신과 벳새다, 가버나움이 예수님이 기적을 가장 많이 베푸셨던 갈릴리 지역의 도시들이라는 것입니다. 특히 가버나움은 갈릴리 사역의 중심지였습니다. 엄청난 기적들을 많이 보고도 회개하지 않는 도시들을 향해 예수님은 무서운 심판의 말씀을 하십니다.

²⁴ 내가 너희에게 이르노니 심판 날에 소돔 땅이 너보다 견디기 쉬우리라 하시니라

▶ 수고하고 무거운 짐 진 자들을 향한 초청

마지막 세 번째 단락에는 아마 마태복음 11장에서, 어쩌면 네 복음서 중에서도 가장 많이 알려진 구절이 나옵니다. 바로 "수고하고 무거운 짐 진 자들아 다 내게로 오라 내가 너희를 쉬게 하리라"(28절)라는 말씀입니다.

듣기만 해도 마음에 안식을 주는 이 말씀. 이 말씀이 주는 위로와 은혜가 워낙 강력하다 보니, 11장 전체의 흐름 속에서 이 말씀을 이해하기보다는 쉼과 안식을 주신다는 이 말씀만 따로 떼어 읽을 때가 많은데, 그러면 이 말씀이 주는 진짜 의미를 놓칠 수 있습니다.

 보통 목사의 한 장 묵상

바른 기대, 다른 기대

옥에 갇혀 있던 세례 요한이 제자들을 보내 "오실 그이가 당신이 오니이까 우리가 다른 이를 기다리오리이까"라고 질문했을 때 예수님은 이렇게 대답해주셨습니다.

> 5 맹인이 보며 못 걷는 사람이 걸으며 나병환자가 깨끗함을 받으며 못 듣는 자가 들으며 죽은 자가 살아나며 가난한 자에게 복음이 전파된다 하라 6 누구든지 나로 말미암아 실족하지 아니하는 자는 복이 있도다 하시니라

같은 구절을 메시지성경은 이렇게 옮기고 있습니다.

눈먼 사람이 보고 저는 사람이 걷고 나병환자가 깨끗해지고 귀먹은 사람이 듣고 죽은 사람이 살아나며, 이 땅의 불쌍한 사람들이 하나님께서 자기들 편임을 깨닫는다. 이것이 너희가 기대하던 것이냐? 그렇다면 너희야말로 가장 복된 사람인 줄 알아라! 마 11:5,6, 『메시지』

예수님의 이 대답은 이사야서 35장 5,6절과 61장 1절의 말씀을 떠올리게 합니다.

그때에 맹인의 눈이 밝을 것이며 못 듣는 사람의 귀가 열릴 것이며 그때에 저는 자는 사슴같이 뛸 것이며 말 못 하는 자의 혀는 노래하리니 이는 광야에서 물이 솟겠고 사막에서 시내가 흐를 것임이라 사 35:5,6

주 여호와의 영이 내게 내리셨으니 이는 여호와께서 내게 기름을 부으사 가난한 자에게 아름다운 소식을 전하게 하려 하심이라 나를 보내사 마음이 상한 자를 고치며 포로된 자에게 자유를, 갇힌 자에게 놓임을 선포하며 사 61:1

이미 구약 성경에 기록된 메시아의 사역을 말씀하시며, 너희가 기대하는 것이 바로 이와 같다면 너희야말로 가장 복된 사람인 줄 알라는 말씀입니다. 7절 이후에 나오는 세례 요한에 대한 높은 평가는 바로 요한이 이런 기대를 가진 사람이었다는 것을 말해줍니다. 메시아를 기다리는 이유, 메시아를 향한 기대가 나의 출세와 이익을 위해서가 아니라 이 땅의 불쌍하고 연약한 자들을 향한 치유와 회복에 있다면 그는 가장 복된 사람이라는 것이지요.

그러나 대부분의 사람들은 아주 다른 기대를 안고 삽니다. 주님께서 꾸짖으신 악한 "이 세대"(16-19절)와 회개하지 않는 도시들(20-24절)이 대표적이죠. 그들이 메시아를 기다린 이유와 메시아를 향한 기대는 말씀과는 다른 것이었습니다.

그들은 이사야서에 기록된 메시아의 사역을 바로 눈앞에서 보는 기적을 경험하고도 도무지 회개할 생각이 없었습니다. 왜일까요? 기대가 달랐기 때문입니다. 맹인이 보고, 못 걷는 사람이 걷고, 나병 환자가 깨끗함을 받는 것이 신기하고 놀라운 일인 것은 분명했지만 그들의 기대에는 미치지 못했습니다. 뭔가 자기 삶의 획기적인 변화나 편히 기댈 수 있는 강한 힘과 카리스마를 기대했기 때문이죠. 다른 기대는 기적도 소용없게 만들었습니다.

이렇게 '다른 기대'를 가진 미련한 자들에게 하신 초청의 말씀이 바로 11장의 마지막 단락입니다.

> 25 그때에 예수께서 대답하여 이르시되 천지의 주재이신 아버지여 이것을 지혜롭고 슬기 있는 자들에게는 숨기시고 어린아이들에게는 나타내심을 감사하나이다 26 옳소이다 이렇게 된 것이 아버지의 뜻이니이다 27 내 아버지께서 모든 것을 내게 주셨으니 아버지 외에는 아들을 아는 자가 없고 아들과 또 아들의 소원대로 계시를 받는 자 외에는 아버지를 아는 자가 없느니라 28 수고하고 무거운 짐 진 자들아 다 내게로 오라 내가 너희를 쉬게 하리라 29 나는 마음이 온유하고 겸손하니 나의 멍에를 메고 내게 배우라 그리하면 너희 마음이 쉼을 얻으리니 30 이는 내 멍에는 쉽고 내 짐은 가벼움이라 하시니라

이 말씀의 핵심은 "쉬게 하리라"(28절)가 아닙니다. "나의 멍에를 메고 내게 배우라"(29절)입니다. 그것이 선행되어야 하고, 그리하면 너희 마음이 쉼을 얻을 것이라고 말씀하시죠. 그럼 도대체 주님께

서 메라고 하신 멍에는 무엇이고, 배우라고 하신 것은 무엇일까요?

11장 전체 맥락에서 살펴보면, 바로 '너희들의 기대를 바꾸라'는 것입니다. 힘없고 약한 자들이 힘을 얻고 살아나고 소망을 얻는 것이 너희가 바라는 가장 큰 기대가 되어야 한다는 것이죠. 세상은 그것을 멍에로 생각하지만 그런 기대로 살 때에야 비로소 진정한 쉼을 얻을 수 있다는 주님의 초청. 언뜻 보아도 흔쾌히 받아들이기에는 어려운 초청입니다. 그래서 주님도 25절에서 이렇게 말씀하셨습니다.

> 25 그때에 예수께서 대답하여 이르시되 천지의 주재이신 아버지여 이것을 지혜롭고 슬기 있는 자들에게는 숨기시고 어린아이들에게는 나타내심을 감사하나이다

같은 구절을 메시지성경은 이렇게 옮기고 있습니다.

아버지께서는 아버지의 길을 똑똑하고 다 아는 체하는 사람들에게는 숨기시고, 평범한 사람들에게는 분명히 밝히셨습니다. 마 11:25, 『메시지』

여러분은 어떤 기대를 품고 계시나요? 혹시 말씀과는 상관없는, 말씀과는 아주 다른 기대를 품고 계시지는 않나요? 그런 기대 앞에서는 기적도 소용없습니다. 기적을 바라기 전에 먼저 나의 기대를 수정해보는 것은 어떨까요? 내 생각과 내 욕망에서 만들어낸 기대가 아니라 말씀에 기록된 진짜 하나님의 기대로 말입니다. 수고하고 무

거운 헛된 기대를 다 내려놓고 주님께 배우기 시작할 때, 그때부터 진짜 쉼과 평안이 임하는 놀라운 기적을 경험하실 것입니다.

☕ 나의 한 장 묵상

....

....

....

....

이*정

아~멘이 그냥 나옵니다. 모든 게 나의 기준이 아닌, 예수님처럼 하나님의 기준에서 보고 생각하고 행동!해야 한다는 걸 알면서도 행하지 못한 연약한 믿음이었네요.

chapter

12

약도 없는 자기 사랑

그들이 예수님을 죽이려고 했던 이유

마태복음 12장

📖 12장의 내용과 배경

12장은 크게 두 부분으로 나눌 수 있습니다.

▶ 1-45절 예수님과 바리새인의 논쟁

▶ 46-50절 예수님의 가족

▶ 예수님과 바리새인의 논쟁

1-45절에는 예수님과 바리새인 사이에 있었던 4번의 논쟁이 나옵니다. 이 논쟁들은 다음과 같습니다.

① 안식일 논쟁 1 : 밀이삭을 자른 일

② 안식일 논쟁 2 : 손 마른 사람을 고친 일

③ 귀신 들린 자 치유 논쟁

④ 표적 논쟁

1절부터 8절까지 안식일에 밀 이삭을 잘라 먹은 일, 9절부터 21절까지 안식일에 손 마른 사람을 고친 일로 두 번의 안식일 논쟁이 있었고, 마침내 바리새인들은 예수님을 어떻게 죽일지 의논합니다.

14 바리새인들이 나가서 어떻게 하여 예수를 죽일까 의논하거늘

논쟁은 여기에서 그치지 않습니다. 22-37절에서 세 번째 논쟁이 일어납니다. 예수님이 귀신 들린 자를 고치시자 바리새인들은 이를 두고 귀신의 힘을 빌려서 행한 것이라고 모함합니다. 이런 주장에 예수님은 어떻게 사탄이 사탄을 쫓아낼 수 있냐며 바리새인들을 꾸짖으시죠.

마지막 네 번째 논쟁은 38-45절입니다. 서기관과 바리새인들이 예수님을 찾아와 표적 보여주시기를 구하자 예수님은 너희에게 보여줄 표적은 선지자 요나의 표적밖에는 없다고 말씀하십니다.

39 예수께서 대답하여 이르시되 악하고 음란한 세대가 표적을 구하나 선지자 요나의 표적밖에는 보일 표적이 없느니라

▶ 예수님의 가족

총 4번의 논쟁을 마친 후 마지막 46절부터 50절에는 뜬금없이 예수님의 가족 이야기가 나옵니다. 예수님의 어머니와 형제들이 예수님을 찾아오고, 이를 본 한 사람이 예수님에게 어머니와 형제들이

왔다고 말씀드립니다. 그러자 예수님은 선을 그으시며, 피를 나누었다고 형제가 아니라 "하늘에 계신 내 아버지의 뜻대로 하는 자가 내 형제와 자매요 어머니"(50절)라고 말씀하십니다.

 보통 목사의 한 장 묵상

요나의 표적과 하나님의 뜻이 가리키는 한 가지

¹ 그때에 예수께서 안식일에 밀밭 사이로 가실새 제자들이 시장하여 이삭을 잘라 먹으니

12장은 "그때에"라는 말로 시작합니다. 이를 통해 11장과 그 맥락을 같이함을 알 수 있습니다. 11장에서 수많은 기적을 보고도 회개하지 않는 것은 기대가 달랐기 때문이라고 했는데 12장 말씀은 그 다른 기대의 중심에는 바로 '자기 사랑'이 있다는 것을 알려줍니다.

바리새인이 끊임없이 예수님과 대립하며 예수님을 죽이려 한 이유는 무엇이었을까요? 바로 '자기 사랑' 때문이었습니다. 자기를 사랑하는 마음이 너무 크고 자기 생각에 대한 확신이 너무도 확고하니 예수님의 말씀이 들어올 자리가 없었던 것이죠.

이런 바리새인의 자기 사랑은 안식일에 손 마른 사람, 귀신 들려 눈멀고 말 못 하는 사람이 치유될 때 확실하게 드러납니다. 그들은 병들고 약한 자들이 치유되는 기적을 눈앞에서 보면서도 놀라고 기

뻐하기보다는 예수님을 어떻게 죽일까 생각합니다. 왜일까요?

바리새인의 관심은 오직 '자기 자신', 내가 율법을 어기지 않고 내가 하나님께 복을 받는 것에만 있었거든요. 그래서 다른 사람의 질병이 낫고 안 낫고는 이들의 관심사가 아니었습니다. 그 일을 통해서 혹시라도 '내'가 율법을 지키는 것에 방해는 되지 않을까? 나에게 피해가 오는 건 아닐까? 그것만 생각했죠. 이렇게 자기 사랑에 빠져 있는 바리새인들에게 예수님은 "너희에게는 어떤 표적도 소용없고 오직 요나의 표적, 즉 십자가밖에는 답이 없다"라고 말씀하십니다.

40 요나가 밤낮 사흘 동안 큰 물고기 배 속에 있었던 것같이 인자도 밤낮 사흘 동안 땅속에 있으리라

마지막으로, 예수님과 한 가족이 되는 길은 핏줄이 아니라 '아버지의 뜻대로 행하는 것'에 있다고, 즉 자기 사랑을 버리고 자기의 생각이 아니라 하나님의 뜻인 '십자가'를 따라야 한다고 하십니다.

50 누구든지 하늘에 계신 내 아버지의 뜻대로 하는 자가 내 형제요 자매요 어머니이니라 하시더라

여러분은 어떠신가요? 혹시 지독한 자기 사랑으로 예수님을 죽이려 했던 바리새인의 모습이 자신의 모습은 아닌가요? 진정 하나님을 만나는 길은 자기 사랑과 자기 확신으로 가득한 꽃길에 있지 않

습니다. 도리어 내 생각과 나를 향한 기대가 모두 무너져 내린 '십자가' 그곳에서 하나님의 뜻을 발견할 수 있고, 예수님의 가족이 될 수 있습니다.

내 생각대로 인생이 풀리지 않아 걱정이신가요? 망가지고 무너진 자신의 모습에 실망하셨나요? 어쩌면 지금이 약도 없는 자기 사랑을 고칠 수 있는 기회, 십자가에 감춰진 하나님의 높고 크신 뜻을 깨닫는 때일지도 모릅니다.

☕ **나의 한 장 묵상**

이*옥

예수님의 십자가 사랑에 힘입어 주님을 사랑한다고 고백하지만, 여전히 자기 사랑, 나의 것을 내려놓지 못하는 저입니다. 하나님의 뜻에 저를 올려드리길 소망하며 오늘도 주님의 뜻을 구하며 살아내길 기도합니다.

chapter 13

천국 비유에 숨겨진 의미

예수님의 천국 비유

📖 13장의 내용과 배경

13장은 일곱 부분으로 나눌 수 있습니다.

▶ 1-9절 씨 뿌리는 자의 비유

▶ 10-23절 씨 뿌리는 자의 비유 해설

▶ 24-30절 가라지 비유

▶ 31-35절 겨자씨와 누룩 비유

▶ 36-43절 가라지 비유 해설

▶ 44-52절 천국에 대한 세 가지 비유

▶ 53-58절 고향에서 배척을 받으시는 예수님

13장에는 '천국 장(章)'이라는 별명이 있을 만큼 천국에 관한 비유의 말씀이 많이 나옵니다. 1-9절은 '씨 뿌리는 자의 비유'인데 많이 들어보셨을 것입니다. 씨 뿌리는 자가 씨를 뿌리는데 길가와 돌밭, 가시떨기에 떨어진 씨는 열매를 맺지 못하지만 좋은 땅에 떨어진 씨는 백배, 육십 배, 삼십 배의 결실을 하게 된다는 내용입니다. 이어서 10-23절에는 이 비유에 관한 해설이 나오죠.

24-30절은 원수가 밭에 와서 가라지를 뿌리는 가라지 비유입니다.

24 예수께서 그들 앞에 또 비유를 들어 이르시되 천국은 좋은 씨를 제 밭에 뿌린 사람과 같으니

31-35절에는 작은 겨자씨 한 알이 나무로 자라고 작은 누룩이 크게 부풀게 된다는 겨자씨와 누룩 비유가 나옵니다.

31 또 비유를 들어 이르시되 천국은 마치 사람이 자기 밭에 갖다 심은 겨자씨 한 알 같으니 … 33 또 비유로 말씀하시되 천국은 마치 여자가 가루 서 말 속에 갖다 넣어 전부 부풀게 한 누룩과 같으니라

이어지는 36-43절에는 앞서 말씀하신 가라지 비유(24-30절)의 해설이 나옵니다.

36 이에 예수께서 무리를 떠나사 집에 들어가시니 제자들이 나아와 이르되 밭의 가라지의 비유를 우리에게 설명하여주소서

44-52절은 천국에 관한 세 가지 비유로, 감추인 보화와 값진 진주, 각종 물고기를 모으는 그물의 비유가 나옵니다.

> 44 천국은 마치 밭에 감추인 보화와 같으니 … 45 또 천국은 마치 좋은 진주를 구하는 장사와 같으니 … 47 또 천국은 마치 바다에 치고 각종 물고기를 모는 그물과 같으니

마지막 53-58절에서는 고향에서 배척을 받으시는 예수님에 관해 언급되며 13장이 끝납니다.

> 57 예수를 배척한지라 예수께서 그들에게 말씀하시되 선지자가 자기 고향과 자기 집 외에서는 존경을 받지 않음이 없느니라 하시고

 보통 목사의 한 장 묵상

씨 뿌리는 자 비유에 담긴 주님의 위로

이 비유의 말씀에서 놓치지 말아야 할 핵심은 비유를 풀어주시는 대상이 누구냐는 것입니다. 비유의 말씀은 큰 무리에게 들려주시지만, 무리에게 그 비유의 뜻까지 알려주지는 않으시거든요. 첫 번째 비유를 듣고 제자들이 예수님에게 나아와 왜 비유로 말씀하시는지 여쭙자 "천국의 비밀을 아는 것이 너희(제자)에게는 허락되었으나 그들(무리)에게는 아니 되었다"(11절)라고 말씀하셨고, 가라지 비유

도 무리가 아닌 제자들에게만 설명해주십니다.

> 36 이에 예수께서 무리를 떠나사 집에 들어가시니 제자들이 나아와 이르되 밭의 가라지의 비유를 우리에게 설명하여주소서 37 대답하여 이르시되 좋은 씨를 뿌리는 이는 인자요

왜 예수님은 천국 비유의 진정한 의미를 무리가 아닌 제자들에게만 말씀해주신 걸까요?

먼저 씨 뿌리는 자의 비유를 보겠습니다. 우리는 흔히 이 비유에서 네 가지 밭을 우리의 마음 상태로 보고, 우리의 마음 밭이 좋은 밭이 되어야 한다는 것에 집중합니다. 만일 이 비유의 핵심이 씨를 받는 마음 밭의 상태에 있었다면 예수님은 무리 앞에서 이 비유를 풀어서 설명해주셨어야 합니다. 너희의 마음 밭을 좋은 밭으로 가꾸라고 말이죠.

그러나 예수님은 그렇게 하지 않으셨습니다. 이 비유의 핵심은 바로 '씨를 뿌리는 자'에 있기 때문입니다. 씨를 뿌리는 자가 열심히 씨를 뿌리지만 네 가지 밭 중에 세 가지 밭에서는 아무런 열매를 맺지 못하는데 천국도 이와 같다는 것입니다. 이 비유를 제자들에게만 설명해주셨다는 것이 중요합니다. 제자들에게 이렇게 말씀하시는 것이죠.

"너희가 열심히 복음을 전하고 씨를 뿌려도 많은 사람이 복음을 거부하고 너희는 열매를 보지 못할 것이다. 그러나 네 가지 밭 중에

단 한 가지 밭에 복음이 잘 심기기만 하면, 그 밭에서 무려 100배의 결실을 볼 수 있다. 그러니 낙심하지 말고 계속해서 씨를 뿌리고 복음을 전하여라."

이어지는 가라지의 비유도 마찬가지입니다. "이 땅에서 가라지, 즉 원수가 득세하는 것 같지만 낙심하지 마라! 추수할 때가 되면 불법을 행하는 자(가라지)들은 울며 이를 갈 날이 올 것이다. 그러니 당장에 가라지와 원수들이 득세하는 것이 보여도 낙심하지 말아라"라는 것입니다.

겨자씨와 누룩 비유도 비록 지금은 이 복음이 보잘것없어 보이고 작은 점과 같아 보이지만, 마침내는 큰 나무로 가득 부푼 누룩처럼 커질 것이라는 말씀입니다. 이렇게 제자들에게 비유를 풀어주신 후에 예수님은 고향에서 배척을 받으십니다.

오늘 이 천국 비유는 '제자'들에게, 즉 저와 여러분에게 주시는 주님의 위로입니다. 비록 우리 눈에는 하나님 나라가 여전히 멀기만 한 것 같고, 이 땅에서 불법을 행하는 자들이 득세하며, 복음을 전하는 것이 바다에서 물 한 컵 퍼내는 것처럼 의미 없어 보일지라도, 그래도 포기하지 말라는 주님의 위로. 본래 복음은 그렇게 전해지는 것이고, 천국은 그렇게 확장되어 가는 것이라고 말이죠.

혹시 점점 약해지고 작아져 가는 교세와 하나님의 이름이 무시당하고 조롱당하는 현실에 가슴 아파하셨나요? '과연 이 땅에 하나님 나라는 언제쯤 이뤄질 수 있을까' 하며 낙심하셨나요? 그렇다면 바로 지금이 씨를 뿌려야 할 때이고, 하나님 나라를 위해 기도해야 할 때입니다. 하나님은 네 개의 땅 중 좋은 땅 하나를 통해서 100배의 결실을 얻게 하시는 분이기 때문입니다.

☕ **나의 한 장 묵상**

....

....

....

....

*에스더
복음의 씨앗을 뿌림에 있어서 나지 않을까 염려하지 않고 열심을 내야겠습니다.
오직 자라게 하실 주님을 기대하며…. 주님! 함께하여주옵소서! 구원의 풍성한 열
매를 맺게 하옵소서! 복음의 문을 여사 준비된 영혼들을 만나게 하옵소서!

chapter
14

예수님 한 분이면 충분합니다!

오병이어 기적의 숨은 뜻

마태복음 14장

📖 14장의 **내용과 배경**

14장은 네 부분으로 나눌 수 있습니다.

▶ 1-12절 세례 요한의 죽음

▶ 13-21절 오병이어 기적

▶ 22-33절 물 위를 걸으신 예수님

▶ 34-36절 병자들을 고치신 예수님

▶ 세례 요한의 죽음

14장 1-12절에 세례 요한의 죽음이 나오는데 그 죽음이 정말 어이 없고 처참합니다. 당시 갈릴리 지역을 관할하던 분봉왕 헤롯(1절)의 정확한 이름은 헤롯 안티파스(Herod Antipas, 헤롯 안디바)입니다. 2장 에 나오는 헤롯 대왕과 동일 인물이 아니고, 그의 아들입니다. 그는 자신의 조카딸이자 형수이기도 한 헤로디아(Herodias)라는 여인과 결혼했는데 형제의 아내를 취하는 것은 율법에서 금한 사항이었습니다. [6]

너는 네 형제의 아내의 하체를 범하지 말라 이는 네 형제의 하체니라 레 18:16

이에 세례 요한은 이 결혼의 부당함을 직언했고, 이 직언 때문에 옥에 갇히고 결국 목이 잘려 비참한 죽음에 이르게 됩니다.

▶ 오병이어 기적

13절부터 21절까지는 오병이어의 기적에 관한 기사입니다. 따로 설명이 필요 없을 정도로 유명하고 익숙한 내용이죠.

오천 명이나 되는 사람들이 예수님을 따라왔습니다. 그것도 여자와 어린이를 제외한 숫자니까, 못 해도 8천 명은 족히 되었을 것입니다. 저녁이 되자 제자들은 예수님에게 이 무리를 마을로 돌려보내 먹을 것을 사 먹게 하자고 제안하는데 돌아온 예수님의 대답은 "갈 것 없다. 너희가 먹을 것을 주라"(16절)였습니다.

제자들은 자신들에게 있는 것은 떡 다섯 개와 물고기 두 마리뿐이라며 자신들은 절대 이 많은 사람을 먹일 수 없다는 뜻을 비춥니다.

---

6) 율법에는 형제가 죽으면 그의 아내와 결혼하는 수혼법(신 25:5, 본서 22장 참조)이 있다. 그러나 헤롯 안디바는 살아있는 동생 헤롯 빌립의 아내를 빼앗은 것이므로 수혼에 해당하지 않는다.

¹⁷ 제자들이 이르되 여기 우리에게 있는 것은 떡 다섯 개와 물고기 두 마리뿐이니이다

그러자 주님은 그것을 내게 가져오라고 하시고, 축사하신 후에 다시 제자들에게 주셨는데 놀라운 일이 벌어졌죠. 오병이어로 오천 명이 배불리 먹고도 남는 기적이 일어납니다.

¹⁸ 이르시되 그것을 내게 가져오라 하시고 ¹⁹ 무리를 명하여 잔디 위에 앉히시고 떡 다섯 개와 물고기 두 마리를 가지사 하늘을 우러러 축사하시고 떡을 떼어 제자들에게 주시매 제자들이 무리에게 주니 ²⁰ 다 배불리 먹고 남은 조각을 열두 바구니에 차게 거두었으며 ²¹ 먹은 사람은 여자와 어린이 외에 오천 명이나 되었더라

▶ 물 위를 걸으신 예수님

이어지는 22절부터 33절까지는 물 위를 걸으신 예수님에 관한 말씀이 나옵니다. 오병이어의 식사 후에 예수님은 제자들을 먼저 배에 태워 건너편으로 가게 하시고, 자신은 산 위에 올라가 혼자 기도하시죠. 그러는 동안 예수님 없이 배를 타고 가던 제자들은 큰 물결 때문에 어려움을 겪습니다.

²² 예수께서 즉시 제자들을 재촉하사 자기가 무리를 보내는 동안에 배를 타고 앞서 건너편으로 가게 하시고 ²³ 무리를 보내신 후에 기도하러 따로 산에 올라

가시니라 저물매 거기 혼자 계시더니 24 배가 이미 육지에서 수 리나 떠나서 바람이 거스르므로 물결로 말미암아 고난을 당하더라

예수님 없이 거센 바람으로 배에서 고생하고 있던 제자들에게 예수님이 바다 위로 걸어서 다가오십니다. 제자들은 처음에는 유령인 줄 알고 무서워서 소리를 질렀지만, 베드로는 예수님이라는 사실을 알게 되자 겁도 없이 자기도 물 위를 걷고 싶다고 말씀드리죠.

26 제자들이 그가 바다 위로 걸어오심을 보고 놀라 유령이라 하며 무서워하여 소리 지르거늘 27 예수께서 즉시 이르시되 안심하라 나니 두려워하지 말라 28 베드로가 대답하여 이르되 주여 만일 주님이시거든 나를 명하사 물 위로 오라 하소서 하니

그런 베드로에게 예수님은 오라고 하셨고 베드로는 정말로 물 위를 걷게 됩니다. 그러나 바람을 보고 무서워 물에 빠져들기 시작했고, 예수님은 이런 베드로를 붙잡아 올리십니다.

29 오라 하시니 베드로가 배에서 내려 물 위로 걸어서 예수께로 가되 30 바람을 보고 무서워 빠져 가는지라 소리 질러 이르되 주여 나를 구원하소서 하니 31 예수께서 즉시 손을 내밀어 그를 붙잡으시며 이르시되 믿음이 작은 자여 왜 의심하였느냐 하시고

예수님이 제자들이 탄 배에 오르시자 바람이 그쳤고, 배에 있던 제자들은 예수님에게 절하며 그분이 하나님의 아들이심을 고백합니다.

> 32 배에 함께 오르매 바람이 그치는지라 33 배에 있는 사람들이 예수께 절하며 이르되 진실로 하나님의 아들이로소이다 하더라

▶ 병자들을 고치신 예수님

마지막으로 34절부터 36절까지 게네사렛 땅에서 찾아온 모든 병자를 치유하시는 것으로 14장 말씀은 끝이 납니다.

> 34 그들이 건너가 게네사렛 땅에 이르니 35 그 곳 사람들이 예수이신 줄을 알고 그 근방에 두루 통지하여 모든 병든 자를 예수께 데리고 와서 36 다만 예수의 옷 자락에라도 손을 대게 하시기를 간구하니 손을 대는 자는 다 나음을 얻으니라

 보통 목사의 한 장 묵상

전후 사건을 통해 깨닫는 오병이어 기적의 의미

주님은 과연 우리가 마태복음 14장을 통해 무엇을 깨닫기를 원하실까 기도하며 본문 말씀을 깊이 묵상하던 중에 흥미로운 사실 하나를 발견하게 되었습니다.

14장에 나오는 오병이어 사건은 유일하게 사복음서에 모두 등장

하는 기적입니다. 특히 세례 요한의 죽음 후에 오병이어 기적이 나오는 이 패턴은 공관(共觀)복음서로 불리는 마태·마가·누가복음에 똑같이 나타납니다(막 6:14-44 ; 눅 9:7-17).

당시 세례 요한의 죽음은 유대 사회에 적잖은 파장을 일으켰을 것입니다. 세례 요한이 세례를 베풀 때(마 2장), 바리새인과 서기관들도 왔을 정도로 많은 관심을 받았거든요. 특히나 예수님을 따르던 제자들에게는 더욱 충격이었을 것입니다. 예수님의 제자 중 안드레는 세례 요한의 제자였고, 요한도 세례 요한의 제자였을 가능성이 매우 큽니다(요 1:35-40). 그렇게 믿고 의지하던 세례 요한이 한순간에 죽임을 당했으니 제자들이 받은 충격은 대단했을 것입니다.

10 사람을 보내어 옥에서 요한의 목을 베어 11 그 머리를 소반에 얹어서 그 소녀에게 주니 그가 자기 어머니에게로 가져가니라 12 요한의 제자들이 와서 시체를 가져다가 장사하고 가서 예수께 아뢰니라

충격적인 세례 요한의 죽음 뒤에 바로 오병이어의 기적이 나옵니다. 오병이어 기적의 핵심은 18절에 나오는 "내게 가져오라"입니다.

18 이르시되 그것을 내게 가져오라 하시고

오병이어가 제자들의 손에 있을 때는 열두 명이 먹기에도 부족했는데 예수님에게 가져가 예수님의 손에 붙들리니 오천 명이 먹고도

남게 되었습니다. 저는 이 오병이어 기적에서 "내게 가져오라"라는 주님의 말씀이 세례 요한의 죽음으로 두려움에 떨고 있던 제자들에게 "두려워하지 말고 네 손에 있는 그 걱정과 그 두려움을 내게 가져오라" 하시는 주님의 위로와 격려로 들렸습니다.

베드로가 물 위를 걸을 때 주님은 바람을 보고 무서워하는 베드로에게 "믿음이 작은 자여 왜 의심하였느냐"라고 말씀하시고, 마지막 34-36절에서는 모든 병자를 고쳐주십니다. 세례 요한의 충격적인 죽음 뒤에 나오는 오병이어의 기적, 그리고 물 위를 걷는 기적과 모든 병든 자를 고치시는 예수님.

저는 마태복음 14장 전체가 우리에게 주는 메시지를 "예수님 한 분이면 충분합니다"라고 정리해보았습니다. 세례 요한의 죽음으로 두렵고 혼란스러운 제자들을 향해 주님은 말씀하십니다.

"두려워하지 말아라. 나는 너희들 손에 있는 보잘것없는 오병이어를 통해 오천 명을 먹일 수 있는 능력의 주님이고, 풍랑도 잠잠하게 하며 '오라'라는 한 마디로 물 위를 걷게 할 수 있는 전능한 주님이다. 그리고 나를 찾아온 병든 모든 자를 치유할 수 있는 사랑의 주님이다. 그러니 네 손에 있는 것이 아무리 적어도 걱정하지 말고, 불어오는 바람을 두려워하지 말아라."

혹시 세례 요한의 죽음처럼, 생각지 못한 고난과 어려움으로 두려움과 낙심 속에 빠진 분이 계신가요? 지금 우리에게 필요한 건 많은 떡과 물고기도, 물 위를 걸을 수 있는 초인적인 힘도 아닙니다. 바로 예수님 한 분입니다. 모든 것을 할 수 있는 전능하신 주님일 뿐 아니라, 자기를 찾는 자들을 외면하지 않으시는 사랑의 주님!

그 예수님은 지금도 우리와 함께하시며, 나의 걱정과 불안과 염려를 "어서 내게 가져오라"라고 말씀하십니다. 그것을 예수님에게 맡겨드릴 때, 오병이어의 기적과 폭풍 중에 물 위를 걷는 기적, 그리고 모든 병이 낫는 놀라운 기적과 같은 일이 우리 삶에도 이루어질 줄로 믿습니다.

예수님 한 분이면 충분합니다.

☕ **나의 한 장 묵상**

Yoojin ***

하나님께 걱정과 염려를 기도하면서도 늘 불안하고 두려워했던 저의 모습을 보게 됩니다. 하나님, 예수님이 저희를 돌보시고 이끌어주시는데 전 왜 그랬을까요. 자녀가 부모를 완전히 믿고 모든 걸 맡기는 그 마음이 아직도 부족한 것 같아요. 말씀을 통해 더욱 확신을 주시는 주님, 오늘도 제 마음을 만지시는 주님. 정말 감사합니다.

ORDINARY PASTOR BIBLE in **10**-MINUTE

십자가로
자라는 믿음

chapter
15

왜 내게만 이런 일이?

기도해도 응답이 안 될 때

마태복음 15장

📖 **15장의 내용과 배경**

15장은 세 부분으로 나눌 수 있습니다.

▶ 1-20절 바리새인과 서기관들을 꾸짖으시는 예수님

▶ 21-28절 가나안 여인을 모질게 대하시는 예수님

▶ 29-39절 병자들을 고치시는 예수님

▶ **바리새인과 서기관들을 꾸짖으시는 예수님**

15장 1절부터 20절까지는 바리새인과 서기관들을 꾸짖으시는 예수님의 모습이 나옵니다. 바리새인과 서기관들이 예수님에게 나아와 예수님의 제자들이 떡을 먹을 때 손을 씻지 않는다고 항의합니다.

² 당신의 제자들이 어찌하여 장로들의 전통을 범하나이까 떡 먹을 때에 손을 씻지 아니하나이다

이들이 내세운 것은 '장로들의 전통'이었는데 본래 손을 씻는 것은 회막 봉사 시에 제사장들에게 요구되는 제한적인 규정이었습니다.

여호와께서 모세에게 말씀하여 이르시되 너는 물두멍을 놋으로 만들고 그 받침도 놋으로 만들어 씻게 하되 그것을 회막과 제단 사이에 두고 그 속에 물을 담으라 아론과 그의 아들들이 그 두멍에서 수족을 씻되 그들이 회막에 들어갈 때에 물로 씻어 죽기를 면할 것이요 제단에 가까이 가서 그 직분을 행하여 여호와 앞에 화제를 사를 때에도 그리할지니 이와 같이 그들이 그 수족을 씻어 죽기를 면할지니 이는 그와 그의 자손이 대대로 영원히 지킬 규례니라 출 30:17-21

그런데 바리새인들은 그 규정을 평상시에 음식을 먹는 것에도 확대 적용한 것입니다. 이런 규정들은 마실 물도 제대로 구할 수 없던 사회적 약자들에게는 지키고 싶어도 지킬 수 없는 규정이었습니다. 당장 마실 물도 없는데, 손 씻는 물을 어떻게 구할 수 있겠습니까? 그것도 특정한 날이 아니라 매일, 음식을 먹을 때마다 말입니다. 그러니까 이런 '장로들의 전통'은 그야말로 종교 지도자들이라 불리는 '그들'만을 위한 전통이 되어버린 것이지요.

그들의 간사한 마음을 모르실 리 없는 예수님은 그들을 가리켜

"뽑힐 것", "맹인" 즉 눈먼 사람이라고 말씀하십니다.

> 13 예수께서 대답하여 이르시되 심은 것마다 내 하늘 아버지께서 심으시지 않
> 은 것은 <u>뽑힐 것</u>이니 14 그냥 두라 그들은 <u>맹인</u>이 되어 맹인을 인도하는 자로다
> 만일 맹인이 맹인을 인도하면 둘이 다 구덩이에 빠지리라 하시니

▶ 가나안 여인을 모질게 대하시는 예수님

이어지는 21절부터 28절까지는 한 가나안 여인을 모질게 대하시
는 예수님의 모습이 나옵니다. 가나안, 즉 이방 여인이 예수님에게
귀신 들린 자기 딸을 고쳐달라고 외치는데 웬일인지 예수님은 아무
대답이 없으십니다.

보다 못한 제자들이 예수님에게 가나안 여인에 관해 말씀드리자
"나는 이스라엘 집의 잃어버린 양 외에는 다른 데로 보내심을 받지
않았다"라고 대답하십니다(24절).

여인은 포기하지 않고 예수님에게 가까이 다가와 절하며 다시 한
번 도움을 구합니다. 이런 여인의 절박한 요청에 주님은 '개들'이라
는 모욕적인 말씀을 하십니다. 이제까지 우리가 알던 예수님의 모습
과는 너무도 다른 낯선 모습이죠.

그런데 이어지는 여인의 대답이 놀랍습니다. 그런 이해할 수 없고
모욕적인 예수님의 말씀에도 "옳습니다"라고 대답하며 다시 한번 주
님의 도우심을 구합니다.

27 여자가 이르되 주여 옳소이다마는 개들도 제 주인의 상에서 떨어지는 부스러기를 먹나이다 하니

결국 예수님은 여인의 믿음을 칭찬하시며 응답하십니다.

28 이에 예수께서 대답하여 이르시되 여자여 네 믿음이 크도다 네 소원대로 되리라 하시니 그때로부터 그의 딸이 나으니라

▶ 병자들을 고치시는 예수님

15장 마지막 부분인 29절부터는 많은 병자를 고치시는 예수님의 모습이 나옵니다. 특히 32절부터 39절까지는 떡 일곱 개와 생선 두어 마리로 사천 명을 먹이신 칠병이어 기적이 언급되죠.

칠병이어 기적은 바로 앞장에 있는 오병이어 기적과 비슷하면서도 몇 가지 다른 점이 있는데 그중 가장 큰 차이는 오병이어의 기적이 유대인들에게 베푼 기적이라면 칠병이어 기적은 이방인들에게 베푼 기적이라는 점입니다. 마가복음의 병행 구절을 보면 이 기적이 일어난 장소가 데가볼리 지방을 통과하여 이른 갈릴리 호수라고 되어 있습니다.

예수께서 다시 두로 지방에서 나와 시돈을 지나고 데가볼리 지방을 통과하여 갈릴리 호수에 이르시매 막 7:31

당시 이 지역은 이방인들이 사는 곳이었습니다. 유대인뿐 아니라 이방인들을 위해 베푸신 칠병이어의 기적으로 15장이 끝납니다.

 보통 목사의 한 장 묵상

지금은 이해되지 않는 거절이라도

마태복음 15장에는 우리가 알고 우리에게 익숙한 예수님과는 너무도 달라서 낯설기까지 한 예수님의 모습이 나옵니다. 위선적인 장로들의 전통을 들어 바리새인을 꾸짖으시는 예수님의 모습이나 칠병이어의 기적으로 이방인 사천여 명을 먹이시는 예수님의 모습은 익숙하지만, 가나안 여인을 대하는 예수님의 모습은 아무리 생각해도 잘 이해가 가지 않습니다.

이 여인에 관한 성경의 설명이 길지는 않지만, 짧은 몇 구절만 봐도 얼마나 기구하고 불쌍한 인생인지 짐작할 수 있습니다. 무엇보다, 이 여인에게는 귀신 들린 딸이 있었습니다(22절). 귀신 들린 어린 딸을 둔 어머니. 이 여인이 겪었을 고통과 아픔은 보통 사람은 상상할 수도 없이 크고 힘겨웠을 것입니다.

이런 여인이 예수님 앞에 나와 자기 딸을 고쳐달라고 간구합니다. 그동안 예수님의 행적이나 예수님이 하신 말씀들을 생각해보면 예수님은 이 여인의 간구에 즉시 응답하셨어야 합니다. "네 믿음대로 될지어다", "네 딸이 이미 치유함을 받았다" 이런 말씀을 하셔야 자연스럽습니다. 그런데 예수님의 대답이 의외입니다.

²⁶ 대답하여 이르시되 자녀의 떡을 취하여 개들에게 던짐이 마땅하지 아니하니라

예수님의 대답은 한마디로 '거절'이었습니다. "나는 지금 유대인들을 배불리 먹이기에도 바쁘다. 가나안 이방 여인의 요청까지 들어줄 여유가 없다"라는 말입니다. 이게 과연 정말 예수님이 하신 말씀일까 싶을 정도로, 그동안 하신 말씀과는 전혀 다른 말씀입니다.

예수님은 "목마른 사람이라면 '누구든지' 내게 오라" 하셨고, "나는 의인을 부르러 온 것이 아니라 '죄인'들을 부르러 왔다" 하셨습니다. 그런데 지금은 "너 같은 이방 여인의 요청까지 들어줄 여유가 없다"라고 거절하시는 것입니다.

마지막에 결국 그 요청을 들어주시긴 했지만, '개들'이라는 모욕적인 언사까지 쓰실 필요가 있었을까 싶습니다. 가나안 여인을 대하여 민망할 정도로 그녀를 무시하신 예수님의 이 낯선 모습을 어떻게 받아들여야 할까요?

주님을 믿으며 사는 삶의 여정에서 우리는 종종 가나안 여인이 되곤 합니다. 장로들의 전통을 꾸짖으며 약하고 병든 자들 편에 서신 예수님, 칠병이어의 기적을 통해 이방인 사천 명을 먹이신 주님이 '나의 요구와 기도'에는 아무런 답이 없으실 그때 우리는 가나안 여인이 됩니다.

그야말로 '주님은 왜?'라는 질문밖에는 떠오르지 않는, 이해할 수 없는 예수님의 거절 앞에서 가나안 여인의 대답은 놀랍게도 '왜?'(Why)가 아닌 '예'(Yes)였습니다.

"예, 주님이 옳습니다."

'왜'가 아닌 '예'라는 여인의 대답이 주님의 기적을 불러왔습니다.

퍼즐을 맞춰본 적이 있으신가요? 퍼즐 맞추기를 하며 깨닫게 되는 것은, 하나의 그림을 완성하기 위해서는 다양한 모양의 퍼즐이 필요하다는 것입니다. 내가 동그란 모양을 좋아한다고 해서 동그란 모양의 퍼즐만 모아두면 그림을 완성할 수 없죠. 때로는 세모난 퍼즐, 네모난 퍼즐, 내가 별로 좋아하지 않는 비뚤어진 퍼즐, 여기저기 모가 난 퍼즐, 이렇게 다양한 퍼즐들이 모일 때 하나의 아름다운 그림으로 완성됩니다.

인생도 마찬가지 아닐까요? 우리는 지금 당장 내가 원하는 퍼즐, 내가 원하는 결과를 바라지만 주님의 생각은 우리의 생각보다 크고 높습니다. 그러니 때로는 내 손에 든 퍼즐이 마음에 들지 않고 주님의 거절이 이해되지 않더라도 "예, 주님", "주님이 옳습니다"라고 주님을 신뢰하며 고백해보면 어떨까요?

내 손에 있는 이 퍼즐, 내게 주어진 이 상황도 주님께서 주신 것이라 믿습니다. 이것을 통해 주님은 아름다운 그림을 완성해 가고 계심을 믿습니다. 혹시 '주님은 왜?'라는, 이해할 수 없는 상황 속에 계신다면, 오늘 가나안 여인처럼 주님께 "예"라고 믿음으로 고백해보시기 바랍니다.

☕ 나의 한 장 묵상

- -

- -

- -

- -

지＊니

가나안 여인(이방 여인)의 큰 믿음을 배웁니다. 우리의 작은 신음에도 귀 기울이시는
주님! 지금 당장은 응답하시지 않을지라도 주님은 언제나 옳으시고, 신실하십니다.

믿음이 깊어지면 고난도 깊어지는 이유

고난과 믿음의 상관관계

마태복음 16장

📖 16장의 내용과 배경

16장은 세 부분으로 나눌 수 있습니다.

▶ 1-4절 표적 논쟁

▶ 5-12절 제자들의 동문서답

▶ 13-28절 베드로의 고백 및 죽음과 부활에 대한 첫 번째 말씀

▶ 표적 논쟁

15장의 칠병이어 기적 이후 바리새인과 사두개인들이 찾아와 예수님에게 표적을 구합니다. 예수님이 15장에서는 찾아온 모든 자에게 기적을 베푸셨지만, 바리새인과 사두개인들의 요청은 단칼에 거절하십니다. 그들에게 있던 '잘못된 기대'를 꿰뚫어 보셨기 때문이죠(잘못된 기대에 관한 부분은 지난 11장에서 자세히 다뤘으니 기억이 잘 나

지 않는 분들은 11장을 참고해주세요).

▶ 제자들의 동문서답

5-12절에는 제자들의 동문서답이 나옵니다. 표적 논쟁 이후에 예수님은 제자들에게 바리새인과 사두개인들의 누룩을 주의하라고 가르치십니다. 그들의 잘못된 가르침, 잘못된 기대를 조심하라는 말씀인데 제자들은 엉뚱하게도 떡 이야기를 합니다.

7 제자들이 서로 논의하여 이르되 우리가 떡을 가져오지 아니하였도다 하거늘

귀로는 예수님의 말씀을 듣고 있었지만 머릿속은 칠병이어 기적 이후 챙겨오지 못한 떡으로 가득 차 있었나 봅니다. 챙겨오지 못한 떡만을 생각하는 제자들의 모습은 표적만을 구하는 바리새인과 사두개인들의 모습과 많이 닮아있습니다.

▶ 베드로의 고백 및 죽음과 부활에 대한 첫 번째 말씀

이어지는 13-20절에서는 너무도 유명한 베드로의 고백이 나옵니다. 예수님은 빌립보 가이사랴 지방에 이르러 제자들에게 "사람들이 인자를 누구라 하느냐"(13절)라고 물으십니다.

가이사랴 빌립보는 로마의 황제에게 헌정할 정도로 굉장히 풍요롭고 화려한 도시였죠. 그런 곳에서 예수님은 제자들에게 사람들이 나를 누구라고 하는지 물어보신 것입니다. 그러자 제자들은 마치 기

다렸다는 듯 여러 이름으로 대답합니다.

> 14 이르되 더러는 세례 요한, 더러는 엘리야, 어떤 이는 예레미야나 선지자 중의
>
> 하나라 하나이다

하지만 예수님은 그 대답이 별로 마음에 들지 않으셨는지 다시 물어보십니다.

> 15 이르시되 너희는 나를 누구라 하느냐

'사람들'이 나를 누구라 하느냐는 첫 번째 질문과 달리, 이번에는 '너희', 즉 제자들에게 물어보신 것입니다.
"너희는 나를 누구라 하느냐."
아마 순간 정적이 흘렀던 것 같습니다. 16절에 제자들의 모습은 사라지고 베드로 혼자 이렇게 대답합니다.

> 16 시몬 베드로가 대답하여 이르되 주는 그리스도시요 살아계신 하나님의 아들
>
> 이시니이다

베드로는 짧게 한 줄로 대답했을 뿐인데, 베드로의 대답을 들으신 주님은 무려 세 절에 걸쳐 말씀하십니다. 이 고백을 하게 한 분은 바로 하나님이시라고 말씀하시고는, 이 고백 위에 내 교회를 세우고,

네게 천국의 열쇠를 주겠다고 약속하십니다.

> 17 예수께서 대답하여 이르시되 바요나 시몬아 네가 복이 있도다 이를 네게 알게
> 한 이는 혈육이 아니요 하늘에 계신 내 아버지시니라 18 또 내가 네게 이르노니
> 너는 베드로라 내가 이 반석 위에 내 교회를 세우리니 음부의 권세가 이기지 못
> 하리라 19 내가 천국 열쇠를 네게 주리니 네가 땅에서 무엇이든지 매면 하늘에
> 서도 매일 것이요 네가 땅에서 무엇이든지 풀면 하늘에서도 풀리리라 하시고

마지막 21절부터 28절에서 예수님은 제자들에게 죽음과 부활을 처음으로 언급하십니다. 예루살렘에 올라가 장로들과 대제사장들과 서기관들에게 많은 고난을 받고 죽임을 당하고 제삼일에 살아나야 할 것을 말씀하시죠. 생각지 못했던 예수님의 고난과 죽음 이야기에 베드로는 펄쩍 뛰며 예수님을 말립니다.

> 22 베드로가 예수를 붙들고 항변하여 이르되 주여 그리 마옵소서 이 일이 결코
> 주께 미치지 아니하리이다

'항변하다'의 헬라어 원어 '에피티마오'(ἐπιτιμάω)에는 '혼을 내다, 비난하다'라는 뜻도 있는데, 지금 베드로는 예수님을 훈계하고 혼내고 있는 것입니다. 조금 전에 예수님은 그리스도이시고 하나님의 아들이라고 고백했던 베드로가 그 예수님을 혼내고 있는 아이러니한 상황이죠. 주님은 베드로에게 "사탄아 내 뒤로 물러가라"라며 크게

꾸짖으시고, 제자들에게 "나를 따라오려거든 자기를 부인하고 자기 십자가를 지고 나를 따라야 한다"(24절)라고 말씀하십니다.

 보통 목사의 한 장 묵상

고난으로 말을 걸어오실 때

마태복음 16장에서 제가 가장 주목하여 본 구절은 21절인데요, 21절은 이렇게 시작합니다.

> 21 이때로부터…

21절은 예수님이 제자들에게 십자가 고난과 죽음 그리고 부활을 처음으로 말씀하시는 장면인데 그 시작이 바로 '이때로부터'입니다. 이때는 언제인가요? 바로 전, 베드로가 예수님을 "그리스도시요 살 아계신 하나님의 아들이시라"라고 고백했던 바로 그때입니다. 그 고백을 들으신 주님은 바로 그때부터 처음으로 십자가의 고난과 죽음 그리고 부활에 관해 가르치기 시작하십니다.

베드로의 고백은 이제까지 제자들의 어리숙하고 엉뚱한 모습과 는 대조되는 놀라운 고백입니다. 조금 전만 해도 바리새인과 사두개 인들의 누룩을 조심하라는 말씀을 듣고도 칠병이어 기적 후 남은 떡 을 챙겨오지 못한 것으로 허둥지둥하던 제자들이거든요. 그때까지 제자들의 모습은 표적만을 구하던 바리새인과 서기관들의 모습과 크게 다르지 않았습니다.

그런데 이런 제자들의 믿음이 눈에 띄게 깊어지고 성장하는 장면이 바로 '베드로의 고백' 장면입니다. 많은 사람이 여전히 예수님을 훌륭한 선지자 중 하나로 보지만, 베드로의 고백으로 주님이 진정 그리스도이시고 살아계신 하나님의 아들이심을 깨닫게 된 순간이거든요. 그 어느 때보다 제자들의 믿음이 깊어진 이때, 주님은 십자가 고난에 관해 처음으로 말씀하십니다.

이 말씀이 주는 메시지는 무엇일까요? 주님의 십자가 고난과 부활의 신비는 믿음이 깊어진 자, 고백이 분명한 자에게 주어진다는 사실입니다. 아직 잘 모를 때, 주님을 그저 위대한 선지자나 예언자 중의 하나로 여길 때는 주님이 고난과 죽음, 부활의 신비에 관해서 말씀하지 않으시죠. 그러나 베드로의 고백 이후, 주님은 드디어 제자들에게 십자가 고난과 부활에 관한 말씀을 시작하십니다. 그리고 내가 가는 그 길을 너희들도 따라와야 한다고 도전하십니다.

24 이에 예수께서 제자들에게 이르시되 누구든지 나를 따라오려거든 자기를 부인하고 자기 십자가를 지고 나를 따를 것이니라

혹시 믿음 생활이 더 깊어졌어도 이전보다 더 깊고 어려운 고난으로 혼란 속에 계신다면 오늘 성경이 주는 위로에 귀를 기울여 보시기 바랍니다. 이전보다 더 깊고 거센 고난은 어쩌면 내 믿음이 그만큼 깊어졌다는 증거일 수 있거든요.

어려운 고난과 심지어 죽음을 통해 얻게 되는 부활의 신비는 고백이 분명한 자에게 주어지는 주님의 초대입니다. 죽어야 다시 사는 이 놀라운 신비는 주님을 그리스도로, 살아계신 하나님의 아들로 고백하는 자들에게만 경험되는 놀라운 축복이기 때문입니다.

주님은 오늘도 우리에게 물으십니다.

"이 십자가 너도 지겠느냐?"

그러고 나서 예수께서 다시 제자들에게 말씀하셨다. "누구든지 나와 함께 가려면 내가 가는 길을 따라야 한다. 결정은 내가 한다. 너희가 하는 것이 아니다. 고난을 피해 달아나지 말고, 오히려 고난을 끌어안아라. 나를 따라오너라. 그러면 내가 방법을 일러 주겠다. 자기 스스로 세우려는 노력에는 아무 희망이 없다. 자기를 희생하는 것이야말로 너희 자신, 곧 너희의 참된 자아를 찾는 길이며, 나의 길이다. 원하는 것을 다 얻고도 참된 자기 자신을 잃으면 무슨 유익이 있겠느냐? 너희 목숨을 무엇과 바꾸겠느냐?

너희 힘으로 일을 벌이겠다고 그렇게 서두르지 마라. 순식간에 인자가 아버지의 모든 영광에 싸여 천사의 무리를 거느리고 올 것이다. 그때 너희는 받아야 할 모든 것을 선물로 받게 될 것이다. 이것은 믿을 수 없는 훗날의 이야기가 아니다. 여기 서 있는 너희 가운데 그런 일이 일어나는 것을 볼 사람들도 있다. 그들은 천국의 영광 가운데 있는 인자를 볼 것이다." 마 16:24-28, 『메시지』

☕ **나의 한 장 묵상**

이*석

제자들이 '떡 가져가길 잊음' 저는 하루 세끼 육의 양식은 잘 챙겨 먹으면서 '영의 양식'인 말씀의 떡은 챙기지 못했습니다. 이에 마음의 찔림이 있어서 회개하면서 저의 묵상을 나눕니다.

왜 기적을 봐도 믿음이 자라지 않을까?

변화산 사건의 교훈

마태복음 17장

📖 **17장의 내용과 배경**

17장은 다섯 부분으로 나눌 수 있습니다.

▶ 1-8절 변화산 사건

▶ 9-13절 엘리야 논쟁

▶ 14-21절 믿음 없는 제자들

▶ 22-23절 죽음과 부활에 대한 두 번째 말씀

▶ 24-27절 성전세 논쟁

▶ **변화산 사건**

예수님이 베드로와 야고보, 요한을 데리고 높은 산에 올라가십니다. 변화산은 그 산에서 예수님이 변화하셨다고 해서 붙인 이름일 뿐 산의 실제 이름은 아니어서 이 산이 정확히 어떤 산인지는 알 수

없습니다.[7]

그 산에서 세 제자는 예수님이 영광스러운 모습으로 변화되는 놀라운 광경을 보게 됩니다. 그런데 더 놀랍게도 모세와 엘리야가 나타나 예수님과 대화하는 장면을 목격하게 됩니다. 베드로는 흥분을 감추지 못하고 이곳이 좋다고 하며 주님과 모세와 엘리야를 위하여 초막 셋을 짓고 살자고 제안합니다.

그러나 베드로가 이 말을 할 때 그의 바람과는 다르게 구름이 덮어 모든 것을 가리며 소리가 들려옵니다.

> 5 말할 때에 홀연히 빛난 구름이 그들을 덮으며 구름 속에서 소리가 나서 이르시되 이는 내 사랑하는 아들이요 내 기뻐하는 자니 너희는 그의 말을 들으라 하시는지라

제자들은 그 소리에 압도되어 땅에 엎드립니다. 예수님은 제자들에게 일어나라 말씀하시고, 제자들의 눈에는 오직 예수님밖에는 보이지 않았다는 것으로 변화산 사건의 기사가 마무리됩니다.

▶ 엘리야 논쟁

이어서 9절부터 13절까지는 예수님과 제자들이 산을 내려오며 나눈 대화입니다. 예수님은 세 제자에게 산 위에서 있었던 일을 아무

---

7) 전통적으로 다볼산이라고 알려져 있지만, 예수님 당시 다볼산 정상 부분에는 로마군 주둔지가 있었으므로 가이사랴 빌립보에서 가까운 헬몬산이었을 것으로 추측하기도 한다.

에게도 말하지 말라고 하십니다. 제자들은 예수님에게 변화산 위에서 자신들이 본 엘리야에 관해 궁금한 것을 여쭙니다. 당시 서기관을 비롯한 유대인들에게는 말라기 4장 5절을 근거로 메시아가 오기 전에 엘리야가 올 것이라는 믿음이 있었습니다.

> 보라 여호와의 크고 두려운 날이 이르기 전에 내가 선지자 엘리야를 너희에게
> 보내리니 말 4:5

그런데 제자들은 산 위에서 예수님과 엘리야가 함께 있는 모습을 보고 의문이 생겼습니다. 엘리야는 메시아가 오기 전에 온다고 했는데 엘리야가 지금 나타난 거라면 예수님 말고 다른 메시아가 이제 나타날 때인 건가 싶었던 것이죠. 예수님은 제자들의 이런 마음을 아시고, 엘리야는 이미 왔다 갔으며 그가 바로 끔찍한 죽음을 맞은 세례 요한이었음을 알려주십니다.

> 11 예수께서 대답하여 이르시되 엘리야가 과연 먼저 와서 모든 일을 회복하리라
> 12 내가 너희에게 말하노니 엘리야가 이미 왔으되 사람들이 알지 못하고 임의로
> 대우하였도다 인자도 이와 같이 그들에게 고난을 받으리라 하시니 13 그제서야
> 제자들이 예수께서 말씀하신 것이 세례 요한인 줄을 깨달으니라

▶ 믿음 없는 제자들

14절부터 21절까지는 예수님이 믿음이 없는 제자들을 꾸짖으시

는 내용입니다. 예수님이 변화산에 올라가 계신 사이, 어떤 사람이 남아 있던 제자들에게 와서 간질로 고생하는 자기 아들을 고쳐달라고 요청했는데 제자들은 능히 그 아들을 고치지 못했습니다. 예수님은 제자들에게 믿음이 없고 패역한 세대라고 꾸짖으십니다. 이 아들을 고치지 못한 이유는 너희에게 겨자씨만 한 믿음조차도, 즉 믿음이 없기 때문이라고 말씀하시죠.

17 예수께서 대답하여 이르시되 믿음이 없고 패역한 세대여 내가 얼마나 너희와 함께 있으며 얼마나 너희에게 참으리요 그를 이리로 데려오라 하시니라 18 이에 예수께서 꾸짖으시니 귀신이 나가고 아이가 그때부터 나으니라 19 이때에 제자들이 조용히 예수께 나아와 이르되 우리는 어찌하여 쫓아내지 못하였나이까 20 이르시되 너희 믿음이 작은 까닭이니라 진실로 너희에게 이르노니 만일 너희에게 믿음이 겨자씨 한 알 만큼만 있어도 이 산을 명하여 여기서 저기로 옮겨지라 하면 옮겨질 것이요 또 너희가 못 할 것이 없으리라

▶ 죽음과 부활에 대한 두 번째 말씀

22절과 23절에서는 지난 16장에서 처음 언급하신 죽음과 부활에 관해 두 번째로 말씀하십니다.

22 갈릴리에 모일 때에 예수께서 제자들에게 이르시되 인자가 장차 사람들의 손에 넘겨져 23 죽임을 당하고 제삼일에 살아나리라 하시니 제자들이 매우 근심하더라

▶ 성전세 논쟁

마지막 24절부터 27절까지는 성전세 논쟁인데 성전세를 내고 안 내고보다 중요한 건 사람을 실족하지 않게 하는 것, 즉 사람을 얻는 것이라고 말씀하시는 것으로 17장은 끝이 납니다.

> 27 그러나 우리가 그들이 실족하지 않게 하기 위하여 네가 바다에 가서 낚시를 던져 먼저 오르는 고기를 가져 입을 열면 돈 한 세겔을 얻을 것이니 가져다가 나와 너를 위하여 주라 하시니라

 보통 목사의 한 장 묵상

보려고만 하지 말고

17장의 첫 시작이 아주 의미심장합니다. "엿새 후에"라는 말에서 바로 앞에 일어난 사건과 긴밀한 연관이 있다는 것을 알 수 있죠.

> 1 엿새 후에 예수께서 베드로와 야고보와 그 형제 요한을 데리시고 따로 높은 산에 올라가셨더니

17장 이 본문 바로 직전에 예수님은 죽음과 부활에 관해 처음으로 말씀하시고, "나를 따라오려거든 자기를 부인하고 자기 십자가를 지고 나를 따를 것"이라고 하셨습니다.

이에 예수께서 제자들에게 이르시되 누구든지 나를 따라오려거든 자기를 부인

하고 자기 십자가를 지고 나를 따를 것이니라 마 16:24

　그리고 엿새 후에 변화산에 오르신 것입니다. 그래서 변화산 사건
은 앞서 말씀하신 죽음과 부활, 십자가 지는 삶과 연결해서 생각해
봐야 합니다. 16장 말미에 예수님은 인자가 아버지의 영광으로 천
사들과 함께 올 것이고 여기 서 있는 사람 중에 죽기 전에 그것을 볼
자들도 있다고 말씀하셨습니다.

인자가 아버지의 영광으로 그 천사들과 함께 오리니 그때에 각 사람이 행한 대

로 갚으리라 진실로 너희에게 이르노니 여기 서 있는 사람 중에 죽기 전에 인

자가 그 왕권을 가지고 오는 것을 볼 자들도 있느니라 마 16:27,28

　그리고 엿새 후에 베드로를 포함한 세 제자는 그 약속이 생각날
정도의 엄청난 경험을 하게 됩니다. 영광스러운 모습으로 변형되신
예수님을 보게 된 것이죠. 더군다나 모세와 엘리야까지 보게 되니
얼마나 황홀한 경험이었을까요? 베드로가 흥분하여 이곳에 초막 셋
을 짓자고 말하자 하나님은 즉시 구름으로 덮어 아무것도 보이지 않
게 하시고 이렇게 말씀하십니다.

5 … 이는 내 사랑하는 아들이요 내 기뻐하는 자니 너희는 그의 말을 들으라

저는 하나님의 이 말씀이 이렇게 들렸습니다.

"이는 내 사랑하는 아들이요 내 기뻐하는 자니 너희는 그의 말 좀 들어라!"

변형된 예수님의 모습과 모세와 엘리야를 보고 흥분을 감추지 못하는 제자들에게 하나님은 '보지만 말고' '말을 들으라'고 말씀하시죠. 이 말씀이 주는 교훈은 무엇일까요?

우리는 뭔가 대단한 것, 놀라운 기적을 보면 믿음이 생기고 믿음이 자란다고 생각하지만 그렇지 않습니다. 아무리 놀라운 것을 보더라도 '주님의 말씀을 듣지 않으면', 그래서 그 말씀대로 살지 않으면 결코 우리의 믿음이 자랄 수 없다는 것을 오늘 말씀이 알려줍니다.

엿새 전에 예수님에게 십자가 고난에 관해 들었던 제자들입니다. 변형된 예수님의 모습을 통해 주님이 진정 그리스도시고 하나님의 아들이심을 확신하게 되었다면 그런 제자들이 취해야 할 다음 행동은 무엇이었을까요? 엿새 전에 들었던 말씀을 생각하며, 십자가의 길이 부활로 가는 유일한 길임을 믿고 고난의 삶을 각오하고 어서 산 밑으로 내려가야 하지 않을까요?

그러나 베드로와 야고보와 요한은 눈앞에 보이는 황홀한 광경에 정신을 잃고 예수님의 말씀은 까맣게 잊어버렸죠. 이런 모습은 산 아래에 있던 다른 제자들도 마찬가지였습니다. 예수님은 제자들의 믿음 없음을 꾸짖고 다시 죽음과 부활에 관해 말씀해주십니다.

여러분은 어떠신가요? 본문에 나오는 제자들처럼, 자꾸 무언가를 보려고만 하면서 이미 우리에게 주신 주님의 말씀에는 귀를 닫고 있지는 않으신가요? 하나님께서 때로 우리의 삶을 구름으로 덮으실 때가 있습니다. 영광도 기적도 다 없어진 것같이 우리의 눈을 가리실 때, 그때 우리가 해야 할 일은 '주님의 말씀에 귀를 기울이는 것'입니다.

오늘도 하나님은 우리에게 말씀하십니다.

"이는 내 사랑하는 아들이요 내 기뻐하는 자니 너희는 그의 말 좀 들어라!"

☕ 나의 한 장 묵상

....

....

....

....

마**타
누군가 보고 들었다는 환상이나 음성이 왜 내겐 보이지도 들리지도 않는 건지, '내가 진정 예수님을 만난 건가'라는 의심이 많이 들었지만 말씀대로 사는 것이 믿음임을 다시 깨닫습니다.

chapter
18

나의 십자가

십자가 지는 삶이란?

📖 18장의 내용과 배경

18장은 세 부분으로 나눌 수 있습니다.

▶ 1-9절 큰 자 논쟁

▶ 10-20절 길 잃은 양과 형제

▶ 21-35절 용서 이야기

▶ 큰 자 논쟁

> ¹ 그때에 제자들이 예수께 나아와 이르되 천국에서는 누가 크니이까

제자들이 예수님에게 천국에서 누가 큰지 여쭤봅니다. '누가 큰가?'라는 질문에는 일단 천국에는 당연히 들어간다는 전제가 깔려

있죠. 이런 제자들의 교만한 마음을 아셨던 주님은 어린아이를 불러 세우시고, 어린아이와 같이 되지 않으면 결단코 천국에 들어가지 못한다고 말씀하십니다. 그런 생각과 태도로는 큰 자리는 고사하고 천국에 들어갈 수조차 없다는 경고의 말씀입니다.

예수님은 이 땅에서 자기를 낮추는 사람, 가장 연약하고 작은 자를 영접하고 함부로 대하지 않는 사람이 천국에 들어갈 수 있다고 말씀하십니다.

> 3 이르시되 진실로 너희에게 이르노니 너희가 돌이켜 어린아이들과 같이 되지 아니하면 결단코 천국에 들어가지 못하리라 4 그러므로 누구든지 이 어린아이와 같이 자기를 낮추는 사람이 천국에서 큰 자니라

▶ 길 잃은 양과 형제

10절부터 20절까지는 길 잃은 양과 형제에 관한 말씀입니다. 그 중 12절부터 14절까지 길 잃은 양의 이야기가 나옵니다. 양 백 마리 중 하나가 길을 잃으면 대개는 수의 논리로 나머지 양들을 지키기에 바쁘지만 주님은 그러지 않으십니다. 예수님은 양 백 마리 중 한 마리도 잃어버리지 않는 것이 하나님의 뜻이라고 말씀해주십니다.

> 14 이와 같이 이 작은 자 중의 하나라도 잃는 것은 하늘에 계신 너희 아버지의 뜻이 아니니라

15절부터 20절에는 길을 잃은 형제가 나옵니다. 길을 잃고 죄를 범한 형제에 대해 먼저는 둘이서만 이야기를 해보고, 그래도 듣지 않으면 한두 사람을 데리고 가서 이야기해보고, 그래도 안 되면 교회에 말하고, 교회의 말도 듣지 않으면 이방인과 세리와 같이 여기라고 하시죠.

> 15 네 형제가 죄를 범하거든 가서 너와 그 사람과만 상대하여 권고하라 만일 들으면 네가 네 형제를 얻은 것이요 16 만일 듣지 않거든 한두 사람을 데리고 가서 두세 증인의 입으로 말마다 확증하게 하라 17 만일 그들의 말도 듣지 않거든 교회에 말하고 교회의 말도 듣지 않거든 이방인과 세리와 같이 여기라

18절 이하에서는 두세 사람이 주님의 이름으로 모인 곳에는 주님이 함께한다고 하시며, 나와 함께하는 한 사람이 얼마나 중요한가를 알려주십니다.

> 20 두세 사람이 내 이름으로 모인 곳에는 나도 그들 중에 있느니라

▶ **용서 이야기**

마지막으로 21절부터 35절까지는 용서에 관한 이야기입니다. 호기심 많은 베드로가 예수님에게 "형제가 내게 죄를 범하면 몇 번이나 용서해줘야 하나요? 일곱 번이면 될까요?"라고 질문합니다. 주님은 일곱 번 정도면 충분할 거라는 베드로의 생각을 완전히 뒤엎고,

일곱 번뿐 아니라 일곱 번을 일흔 번까지라도 용서해야 한다고 말씀
하십니다.

> 22 예수께서 이르시되 네게 이르노니 일곱 번뿐 아니라 일곱 번을 일흔 번까지
> 라도 할지니라

그리고 비유를 들어서, 만 달란트를 탕감받은 빚진 자가 백 데나
리온을 빚진 동료 한 사람을 용서하지 못해서 결국 옥에 갇히게 되
는 이야기를 들려주십니다. 이 자와 같이 형제를 용서하지 않으면
하늘 아버지께서도 너희를 똑같이 대할 것이라고 제자들에게 엄히
말씀하시는 것으로 18장은 끝이 납니다.

> 34 주인이 노하여 그 빚을 다 갚도록 그를 옥졸들에게 넘기니라 35 너희가 각각
> 마음으로부터 형제를 용서하지 아니하면 나의 하늘 아버지께서도 너희에게 이
> 와 같이 하시리라

 보통 목사의 한 장 묵상

십자가 지는 삶의 모습

저는 마태복음 18장을 '십자가 지는 삶의 모습'이라는 한 문장으
로 정리해보았습니다.

앞서 16장과 17장에서 예수님은 그분의 죽음과 부활에 관해 말씀

하셨습니다. 십자가의 죽음을 두 번 말씀하셨지만 제자들은 두 번 다 이해하지 못했습니다. 처음에는 베드로가 예수님을 꾸짖었고, 두 번째 말씀하실 때도 제자들은 매우 근심했죠.

베드로가 예수를 붙들고 항변하여 이르되 주여 그리 마옵소서 이 일이 결코 주께 미치지 아니하리이다 마 16:22

죽임을 당하고 제삼일에 살아나리라 하시니 제자들이 매우 근심하더라 마 17:23

이렇게 두 번이나 죽음과 부활에 대한 말씀을 듣고도 18장에서 제자들은 예수님에게 "천국에서는 누가 크니이까"(1절)라고 물은 것입니다. 자기를 부인하고 십자가 지는 삶에는 관심이 없고, 바리새인과 서기관들처럼 자기 사랑에만 몰두하고 있는 제자들의 철 없고 어리석은 모습입니다.

여전히 자기 사랑에만 취해있는 제자들에게 주님은 어린아이와 같이 자기를 낮추는 사람이 되어야 한다고, 또 길 잃은 양처럼 길 잃은 형제 하나가 있다면 그를 일곱 번씩 일흔 번을 용서하더라도 다시 찾아야 한다고 말씀하십니다.

저는 바로 이것이야말로 '자기 십자가를 지고 주님을 따르는' 삶의 모습이라고 봅니다. 어떻게든 내가 큰 자가 되려 하는 것이 아니라 곁에 있는 사람들을 세워주기 위해 나를 낮추고 그들을 높이는 삶, 누구도 자신이 작은 자라고 느껴지지 않도록 아무도 함부로 대하지 않는 사람. 천국은 바로 이런 사람들의 것이고 이것이 부활로 가는 십자가 지는 삶의 모습이라고 성경은 우리에게 말씀합니다.

잃어버린 한 마리 양의 비유도 마찬가지입니다. 99마리에 비하면 아주 작아 보이는 한 마리에 모든 관심을 쏟으라고 하십니다. 형제 하나가 죄를 범했을 때, 둘이 만나보고, 한두 사람을 데리고 또 이야기해보고, 교회에도 이야기해보고 이렇게 여러 과정이 있는 것도 한 사람에 대해 지극한 관심을 쏟으라는 것이고요. 마지막에 나오는 용서에 관한 비유도 형제의 잘못에 대해 '적당히'가 아니라 '끝까지' 용서하라는 말씀입니다.

이방인과 세리처럼 여기라는 의미

자, 그런데 이런 맥락과는 어울리지 않는 내용이 17절에 나옵니다.

> 17 만일 그들의 말도 듣지 않거든 교회에 말하고 교회의 말도 듣지 않거든 이방인과 세리와 같이 여기라

교회에 이야기해도 듣지 않거든 이방인과 세리와 같이 여기라는 것입니다. 언뜻 이 말씀은 하는 데까지 해보다가 정 안 되면 무시하라는 것처럼 들리죠. 그런데 이런 해석은 18장에 나오는 일관된 흐름과 맞지 않습니다. 공생애 기간에 이방인과 세리를 대하시던 주님의 모습을 떠올려봐도 마찬가지입니다. 예수님은 이방인과 세리를 누구보다 따뜻하고 열린 마음으로 대하셨거든요. 메시지성경은 이

구절을 이렇게 옮기고 있습니다.

그래도 그가 듣지 않거든, 교회에 말하여라. 교회의 말도 듣지 않거든, 너
는 처음부터 다시 시작해야 할 것이다. 그에게 회개의 필요성을 지적하
고, 하나님의 용서하시는 사랑을 다시 베풀어야 한다. 마 18:17, 『메시지』

예수님의 십자가는 지극히 작고 죄 많은 나를 향한 하나님의 끈질
긴 사랑의 증거입니다. 길 잃은 양 한 마리, 죄를 범한 형제 하나처
럼 무시해도 되는, 굳이 찾을 필요 없는 그 한 사람이 바로 저와 여
러분이죠. 주님은 이런 우리를 바리새인과 서기관처럼 대하지 않으
시고, 도리어 이방인과 세리와 같이 여기며 처음부터 다시 설명해주
시고, 기회를 주시고, 끝까지 기다려주셨습니다.
    그렇게 십자가 은혜로 구원받은 우리에게 주님은 "너희도 그 십자
가 지고 나를 따르라"라고 말씀하십니다. 그리고 그런 삶이 무엇인
지 몰랐다고 부인할 수 없도록, 십자가 지는 삶이 어떠해야 하는지
오늘 말씀을 통해 너무도 자세하게 알려주십니다.

지극히 작고 죄 많은 나를 끝까지 사랑하신 주님처럼
지극히 작고 죄 많은 누군가를 끝까지 용서하고 사랑하는 삶.
그것이 바로 십자가를 지고 주님을 따르는 삶입니다.
오늘도 주님은 그 길로 우리를 초청하십니다.

☕ **나의 한 장 묵상**

박*아

… 지금은 외면이 상책이라고 여기며 지내고 있었어요. 그런데 주님은 끝까지, 아니 처음부터 시작해야 한다고까지 하시니 눈물이 날 지경이에요 그래도 오늘 제게 원하시는 주님의 마음이 순종하며 먼저 연락하고 안부를 묻겠습니다. 십자가를 지는 삶, 주님의 제자로 살아가는 삶이 요즘처럼 버거운 적이 있었을까 싶지만 십자가 그 사랑으로 은혜로 살아오는 피조물이 감히 무어라고 제 소견에 옳은 대로 하겠습니까. 오늘도 아프지만 은혜의 말씀 감사해요.

나도 천국에 갈 수 있을까?

늦었다고 생각하는 당신에게

마태복음 19장

📖 **19장의 내용과 배경**

19장은 네 부분으로 나눌 수 있습니다.

▶ 1-2절 유대 지역으로 가시다

▶ 3-12절 이혼에 관한 교훈

▶ 13-15절 어린아이에 관한 교훈

▶ 16-30절 부자 청년에 관한 교훈

▶ **유대 지역으로 가시다**

1절과 2절에서 예수님은 갈릴리를 떠나 유대 지역으로 가십니다. 고난과 죽음이 기다리고 있는 예루살렘을 향한 본격적인 여정이 시작된 것이죠. 예수님은 거기서도 병 고치는 사역을 쉬지 않으십니다.

2 큰 무리가 따르거늘 예수께서 거기서 그들의 병을 고치시더라

▶ 이혼에 관한 교훈

3절부터 12절까지는 '이혼에 관한 교훈'입니다. 바리새인들이 예수님을 시험하기 위해 이유가 있으면 아내를 버려도 되는지 물어보죠. 예수님은 그들의 질문에 하나님이 짝지어 주신 것을 사람이 나누지 못한다고 답하십니다.

6 그런즉 이제 둘이 아니요 한 몸이니 그러므로 하나님이 짝지어 주신 것을 사람이 나누지 못할지니라 하시니

그러자 그들은 기다렸다는 듯이 모세 이야기를 끌어오면서 마치 예수님이 모세의 율법을 부정하는 것처럼 공격합니다.

사람이 아내를 맞이하여 데려온 후에 그에게 수치되는 일이 있음을 발견하고 그를 기뻐하지 아니하면 이혼 증서를 써서 그의 손에 주고 그를 자기 집에서 내보낼 것이요 신 24:1

그러나 예수님은 모세의 율법보다 더 높은 기준을 제시하신 것입니다. 예수님 당시는 지금보다 훨씬 더 남성 중심의 사회였거든요. "사람이 어떤 이유가 있으면 그 아내를 버리는 것이 옳으니이까"(3절)라는 바리새인들의 질문을 봐도, 이혼은 쌍방 간에 이루어지는

일이기보다는 남성이 여성을 버리는 일방적인 일이었습니다.

모세가 이혼을 허용했던 것도 간음이라는 매우 제한적인 상황에 서였지만 이것이 남성들에게는 아내를 쉽게 버릴 수 있는 좋은 핑계 가 되었는데 예수님은 이런 인식에 제동을 거신 것입니다. 그래서 이 말씀을 근거로 오늘날 이혼 문제에 대해서 옳다 그르다 단정 짓 는 것은 무리가 있습니다. 그러나 확실한 것은 언제나 약자의 편에 서셨던 예수님이 이혼 문제에서도 힘없는 자의 목소리를 대변하고 그들 편에 서셨다는 것입니다.

▶ 어린아이에 관한 교훈과 부자 청년에 관한 교훈

이어지는 13절부터 15절까지는 어린아이에 관한 교훈, 마지막 16 절부터 30절까지는 부자 청년에 관한 교훈이 나오는 것으로 19장이 마무리됩니다.

 보통 목사의 한 장 묵상

처음 듣는 말씀처럼 반응하는 제자들

어린아이와 부자 청년에 관한 교훈을 생각해보겠습니다. 언뜻 이 두 교훈은 서로 연관되지 않은 별개의 교훈처럼 보이지만, 이 두 교 훈 간에는 공통점이 하나 있습니다. 그것은 전에 말씀하신 교훈의 반복이라는 점입니다.

먼저 어린아이에 관한 교훈을 보겠습니다. 13절에서 사람들이 예수님에게 어린아이를 데리고 와서 기도 받기를 바라는데 제자들이 그 사람들을 막아서고 꾸짖습니다. 그러나 예수님은 그런 제자들과는 아주 다른 반응을 보이십니다.

> ¹⁴ 어린아이들을 용납하고 내게 오는 것을 금하지 말라 천국이 이런 사람의 것이니라

그런데 이 말씀, 어디서 들어본 것 같지 않으신가요? 바로 직전, 마태복음 18장으로 가보겠습니다.

> 그러므로 누구든지 이 어린아이와 같이 자기를 낮추는 사람이 천국에서 큰 자니라 또 누구든지 내 이름으로 이런 어린아이 하나를 영접하면 곧 나를 영접함이니 누구든지 나를 믿는 이 작은 자 중 하나를 실족하게 하면 차라리 연자 맷돌이 그 목에 달려서 깊은 바다에 빠뜨려지는 것이 나으니라 마 18:4-6

바로 앞의 18장에서 예수님은 어린아이가 얼마나 귀한 존재인지를 말씀하셨습니다. 세상의 기준에서 보면 천국과는 한참이나 멀리 떨어져 있는 것 같은 이 작은 어린아이가 실은 천국과 가장 가까이에 있는 큰 사람이라는 가르침이죠. 어린아이를 경시했던 당시에 예수님의 이런 가르침은 충격 그 자체였을 것입니다.

예수님의 이런 가르침도 놀랍지만, 이 가르침을 대하는 제자들의 반응이 더욱 놀랍습니다. 어린아이에 관한 말씀을 듣고 얼마 지나지

않았는데, 불과 한 장도 채 지나지 않아 어린아이들을 만난 제자들의 반응은 거부와 꾸짖음이었거든요.

분명히 바로 전, 어린아이를 영접하는 것이 곧 주님을 영접하는 것이고 이 어린아이를 실족하게 하면 차라리 연자 맷돌이 그 목에 달려 깊은 바다에 빠뜨려지는 것이 더 낫다는 말을 듣고도 제자들은 마치 한 번도 그런 가르침을 들어본 적이 없는 사람처럼 행동하고 있습니다.

이런 제자들의 반응은 부자 청년에 관한 교훈에서도 이어집니다. 한 부자 청년이 예수님을 찾아옵니다. 제자들은 이 부자 청년에게는 호의적이었습니다. 부자 청년이 예수님에게 다가오는 것을 막아서지 않았거든요. 모든 것이 완벽해 보이는 청년이었죠. 재물이 많고 도덕적으로도 흠잡을 것이 없고, 무엇보다 진지하게 영원한 생명을 추구하는 사람이었습니다. 예수님의 제자가 되기에 손색이 없는 조건이었습니다.

그러나 그 청년은 결국 근심하여 주님을 떠납니다. "소유를 다 팔아 가난한 사람들에게 주고 나를 따르라"라는, 다소 무리해 보이는 예수님의 요구가 결정적인 이유였습니다. 부자 청년이 근심하여 떠난 후 예수님이 제자들에게 말씀하십니다.

24 다시 너희에게 말하노니 낙타가 바늘귀로 들어가는 것이 부자가 하나님의 나라에 들어가는 것보다 쉬우니라 하시니

제자들은 이런 예수님의 가르침에 몹시 놀랍니다. 도대체 자신의 소유를 다 팔아 가난한 자들에게 나눠줄 사람이 누가 있겠으며, 그런 사람들만 가는 천국이라면 누가 갈 수 있겠냐는 것입니다.

> 25 제자들이 듣고 몹시 놀라 이르되 그렇다면 누가 구원을 얻을 수 있으리이까

그러나 이런 예수님의 요구는 이미 마태복음 13장에서 말씀하신 바 있습니다.

> 천국은 마치 밭에 감추인 보화와 같으니 사람이 이를 발견한 후 숨겨 두고 기뻐하며 돌아가서 자기의 소유를 다 팔아 그 밭을 사느니라 마 13:44

어찌 보면 부자 청년에게 하신 예수님의 요구는 이 말씀의 반복입니다. 13장에서 비유로 말씀하셨다면 19장에서는 직접적으로 말씀하신 거죠.

다른 사람들은 몰라도 이미 마태복음 13장의 말씀을 들었던 제자들이라면 부자 청년을 향한 주님의 요구에 몹시 놀랄 것이 아니라 당연하게 받아들였어야 합니다. 천국은 밭에 감추인 보화와 같아서 모든 소유를 다 팔더라도 사야만 하는 귀한 것임을 이미 들었기 때문이죠. 그러나 제자들의 반응은 마치 한 번도 그런 가르침을 들어본 적이 없는 사람들 같습니다.

거의 다 왔을까 혹은 아직 멀었을까?

이미 같은 말씀과 가르침을 듣고도 여전히 헤매며 주님과는 정반대의 생각과 반응을 보이는 제자들. 저는 이들의 모습을 한마디로 '아직 멀었다!'라고 표현하고 싶습니다. 그러나 정작 제자들 자신은 '거의 다 왔다!'라고 생각했을 것입니다.

예수님은 18장까지로 갈릴리 사역을 마치고 이 19장부터는 예루살렘을 향해 가십니다. 두 장만 지나면 예루살렘에 입성하고 예수님의 마지막 일주일이 시작됩니다. 그러니까 이 19장은 예수님의 공생애 기간 중 후반부, 그것도 거의 마지막에 해당합니다.

제자들이 예수님과 보낸 시간은 결코 짧지 않았고 예수님에게 들은 말씀 또한 결코 적지 않습니다. 그러나 그들은 여전히 예수님과는 전혀 다른 생각과 반응을 보입니다. '거의 다 왔다'라는 그들의 생각과는 달리, 주님을 닮기에는 또 주님의 말씀대로 살기에는 '아직 멀었다'라는 것을 발견할 수 있습니다.

오늘 본문에 보이는 제자들의 모습이 낯설지 않습니다. 수십 년을 들어온 말씀 중 단 한 말씀조차도 살아내지 못하고, 지난주에 들은 말씀도 실천하지 못하는 연약함이 우리 모두에게 있기 때문이죠. 신앙생활의 햇수가 점점 쌓여갈수록, 예수님을 깊이 알아갈수록 '거의 다 왔다'라는 고백보다는 '아직 멀었다'라는 한숨이 자연스러운 우리입니다. 그래서 오늘 주신 말씀이 더욱 소중합니다.

마태복음 19장은 이 말씀으로 끝이 납니다.

³⁰ 그러나 먼저 된 자로서 나중 되고 나중 된 자로서 먼저 될 자가 많으니라

저는 이 말씀을 이렇게 읽습니다.

"그러나 거의 다 왔다고 생각하는 자는 아직 멀리 있는 것이고, 도리어 아직 멀었다고 고백하는 자는 가장 가까이에 있을 것이다."

예수님은 천국 문 앞에 거의 다 왔다고 생각한 부자 청년은 떠나보내셨지만, 천국 문과 가장 멀리 떨어져 있다고 여겨진 어린아이들은 품에 안아주셨습니다.

기억하십시오. 거의 다 왔다고, 주님을 위해 이젠 더 할 것이 없다고 생각하는 그때가 어쩌면 주님과 가장 멀리 떨어져 있는 순간일 수 있습니다. 그와는 반대로, 주님께 너무도 멀리 떨어져 있다고, 멀리 있다고 생각되는 그때가 도리어 주님과 가장 가까이, 주님의 품에 안길 수 있는 절호의 기회일 수 있습니다.

저와 여러분 모두 주님 앞에 서는 그날까지, "이제 다 왔다"가 아니라, 두렵고 떨림으로 "아직 멀었다"라고 고백하며, 믿음의 여정을 끝까지 완주하기를 바랍니다.

☕ 나의 한 장 묵상

....

....

김*식

예수님의 공생애 후반부에 보인 제자들의 모습이 내 모습으로 오버랩되면서 한참을 멍하니 책상 앞에 앉아 있었습니다. 이미 똑같은 말씀과 가르침을 들었지만 여전히 헤매고 있는 제자들의 모습, 예수님과는 정반대의 생각과 반응을 보이는 제자들 모습이 제 모습이었습니다. 아직 멀었다고 탄식 같은 한숨이 나올 때 반전의 주님이 주신 말씀이 놀라웠습니다! 30절이 빛과 생명의 능력이 되게 하십니다!

"그러나 거의 다 왔다고 생각하는 자는 아직 멀리 있는 것이고, 도리어 아직 멀었다고 고백하는 자는 가장 가까이에 있을 것이다."

천국 문 앞에 거의 다 왔다고 생각하는 부자 청년은 떠나보내셨지만, 천국 문하고는 가장 멀리 떨어져 있다고 생각하는 어린아이들은 품에 안아주셨던 예수님을 바라봅니다.

거의 다 왔다고, 주님을 위해 이젠 더 할 것이 없다고 생각하는 그때가 주님과 가장 멀리 떨어져 있는 순간이고, 주님께 너무도 멀리 떨어져 있다고 생각하는 그때가 도리어 가장 가까이 주님 품에 안길 수 있는 절호의 기회가 될 수 있음을 깨닫게 하시니 감사합니다!

주님 앞에 서는 그날까지 말씀을 좇아 살기 위해 싸워야 할 가장 큰 대상은 나 자신임을 깨닫고 날마다 진리 안에서 나를 쳐 복종시키며 "이제 다 왔다"가 아니라, 두렵고 떨림으로 "아직 멀었다" 고백하며 믿음의 여정을 끝까지 완주하기를 기도합니다!

네 소원이 무엇이냐?

낫기를 원치 않는 병자

📖 20장의 내용과 배경

20장은 네 부분으로 나눌 수 있습니다.

▶ 1-16절 포도원 품꾼들의 비유

▶ 17-19절 죽음과 부활에 대한 세 번째 말씀

▶ 20-28절 야고보와 요한의 요구

▶ 29-34절 시각장애인을 고치시는 예수님

▶ 포도원 품꾼들의 비유

1절부터 16절까지는 포도원 품꾼들의 비유입니다. 포도원 주인이 이른 아침에 포도원 일꾼을 부르러 나갑니다. 주인은 일당 한 데나리온(오늘날 화폐 가치로 5만 원 정도)을 약속하고 품꾼을 고용하고, 이후 제삼시(오전 9시), 제육시(오후 12시), 제구시(오후 3시), 제십일시(오후 5시)에도 일꾼을 고용합니다.

일을 다 마치고 결산의 시간이 되었습니다. 가장 늦게 포도원에 들어온 사람들부터 일당을 받습니다. 일당은 처음에 약속했던 한 데나리온이었죠. 그다음 제구시, 육시, 삼시까지 모든 일꾼에게 일당이 돌아갑니다. 그런데 먼저 왔던 일꾼들이 주인을 원망합니다.

> 10 먼저 온 자들이 와서 더 받을 줄 알았더니 그들도 한 데나리온씩 받은지라 11 받은 후 집 주인을 원망하여 이르되 12 나중 온 이 사람들은 한 시간밖에 일하지 아니하였거늘 그들을 종일 수고하며 더위를 견딘 우리와 같게 하였나이다

왜 나중에 온 사람들과 똑같은 일당을 주냐는 것입니다. 주인은 애초에 약속한 것이 한 데나리온인데 뭐가 문제냐고 합니다. 예수님은 나중 된 자가 먼저 되고 먼저 된 자가 나중 될 것이라고 하시며 비유의 말씀을 마치십니다.

> 13 주인이 그중의 한 사람에게 대답하여 이르되 친구여 내가 네게 잘못한 것이 없노라 네가 나와 한 데나리온의 약속을 하지 아니하였느냐 14 네 것이나 가지고 가라 나중 온 이 사람에게 너와 같이 주는 것이 내 뜻이니라 15 내 것을 가지고 내 뜻대로 할 것이 아니냐 내가 선하므로 네가 악하게 보느냐 16 이와 같이 나중 된 자로서 먼저 되고 먼저 된 자로서 나중 되리라

▶ 죽음과 부활에 대한 세 번째 말씀

17절부터 19절까지 예수님은 죽음과 부활에 관해 세 번째로 말씀하십니다.

> 18 보라 우리가 예루살렘으로 올라가노니 인자가 대제사장들과 서기관들에게 넘겨지매 그들이 죽이기로 결의하고 19 이방인들에게 넘겨주어 그를 조롱하며 채찍질하며 십자가에 못 박게 할 것이나 제삼일에 살아나리라

▶ 야고보와 요한의 요구

20절부터 28절까지는 야고보와 요한의 요구입니다. 세베대의 아들 야고보와 요한의 어머니가 예수님에게 찾아와 무언가를 요청하는데 바로 두 아들의 더 높은 지위와 자리였습니다. 그 자리에 있던 다른 열 제자가 이를 듣고 분노합니다.

> 24 열 제자가 듣고 그 두 형제에 대하여 분히 여기거늘

다른 제자들이 화를 낸 이유는 야고보와 요한의 요청이 어리석기 때문이 아니라 내가 먼저 주님께 부탁을 드려야 했는데 저 두 사람이 선수를 쳤다는 원통함이었죠. 예수님을 통해 뭔가를 얻고자 하는 마음, 예수님에게 기대어 좋은 자리에 앉고자 하는 마음은 모든 제자에게 동일하게 있는 소원이었습니다.

그런 제자들에게 예수님은 너희 중에 누구든지 으뜸이 되고자 하

는 자는 종이 되어야 한다고 가르치십니다.

> 26 너희 중에는 그렇지 않아야 하나니 너희 중에 누구든지 크고자 하는 자는 너
> 희를 섬기는 자가 되고 27 너희 중에 누구든지 으뜸이 되고자 하는 자는 너희의
> 종이 되어야 하리라

▶ 시각장애인을 고치시는 예수님

마지막으로 29절부터 34절까지는 시각장애인을 고쳐주시는 장면입니다. 시각장애인 두 사람이 예수님을 향해 "주여 우리를 불쌍히 여기소서 다윗의 자손이여"라고 외칩니다. 사람들은 잠잠하라며 꾸짖었지만 예수님은 그 외침에 반응하고 그들을 불러 "너희에게 무엇을 하여주기를 원하느냐"라고 물어보십니다. 이들은 예수님에게 눈 뜨기를 원한다고 답했고 예수님은 그들의 눈을 만져 치유해주십니다. 눈을 떠서 보게 된 그들이 예수님을 따르는 것으로 마태복음 20장은 끝이 납니다.

> 32 예수께서 머물러 서서 그들을 불러 이르시되 너희에게 무엇을 하여주기를
> 원하느냐 33 이르되 주여 우리의 눈 뜨기를 원하나이다 34 예수께서 불쌍히 여
> 기사 그들의 눈을 만지시니 곧 보게 되어 그들이 예수를 따르니라

 **보통 목사의 한 장 묵상**

"무엇을 하여주기를 원하느냐"

마지막에 시각장애인이 고침을 받는 기적은 마가복음과 누가복음에도 모두 기록된 흔치 않은 기적 사건입니다. 예수님이 행하신 수많은 기적 가운데 공관복음서라고 불리는 세 복음서에 모두 기록될 정도로 비중 있게 다뤄진 이야기입니다(막 10:46-52 ; 눅 18:35-43).

그런데 이런 비중에 비하면 내용은 시시할 정도입니다. 시각장애인에게 무엇을 하여주기를 원하느냐고 물어보신 예수님, 그 물음에 눈 뜨기를 원한다고 대답한 시각장애인. 너무도 당연한 물음과 당연한 대답입니다.

모르긴 해도 예수님은 수많은 병자를 치료해주셨을 것입니다. 그렇게 수많은 병자 중에 극히 일부만 성경에 기록되었다면 뭔가 특별하기 때문에 기록되었을 텐데 제게는 이들의 이야기가 별로 특별해 보이지 않았습니다.

'도대체 주님이 이 기적 사건을 통해 우리에게 하고 싶으신 말씀이 무엇일까?' 묵상하던 중에 중요한 사실을 한 가지 발견하게 되었는데요, 바로 앞에 있는 야고보와 요한의 요구 단락에도 이 시각장애인에게 하신 것과 똑같은 질문이 나온다는 것입니다.

> 21 예수께서 이르시되 무엇을 원하느냐 이르되 나의 이 두 아들을 주의 나라에서 하나는 주의 우편에, 하나는 주의 좌편에 앉게 명하소서

예수님의 이 물음에 야고보와 요한의 어머니는 천국에서 더 높은 지위와 자리를 구했죠. 이렇게 주님의 나라에서조차 주님과 가장 가까운 자리를 차지하고 권력을 얻고 싶었던 마음은 다른 제자들도 다르지 않았습니다. 이렇게 철없는 제자들의 모습 뒤에 시각장애인의 이야기가 나오는 구성은 병행 구절인 마가복음 10장에서도 동일합니다.

"무엇을 하여주기를 원하느냐."

시각장애인에게는 그 답이 너무도 당연한 이 질문은 육적으로 시각장애인인 두 사람에게 하신 질문이기도 했지만, 실은 영적으로 눈먼 자였던 제자들에게 던지신 질문입니다.

정말 구해야 할 것을 모르고 다른 것만 찾다

눈먼 사람에게 가장 필요한 것은 눈을 뜨는 것이죠. 물론 눈먼 사람에게 돈도 필요하고 좋은 집도 필요하고 좋은 옷도 필요합니다. 그러나 그 모든 필요를 넘어서는 절대적인 필요는 바로 '보게 되는 것'입니다.

시각장애인들에게 "무엇을 하여주기를 원하느냐"라고 물으시는 예수님은 곁에 있던 제자들과 또 우리에게 마치 이렇게 말씀하시는 것 같습니다.

"야고보와 요한, 너희가 조금 전에 나에게 뭘 원한다고 했지? 하나님 나라에서 한 자리씩 달라고 했지? 나는 이 땅에 영광을 받으려고 온 것이 아니고 도리어 죽으려고 왔단다. 나에게 이 땅의 영광을 바란다는 것은 너희가 아직도 내가 누구인지 잘 모르고 있기 때문이다. 지금 너희에게 가장 필요한 건 영적인 눈을 떠서 내가 누구인지 제대로 보는 것이다. 이 시각장애인이 보기를 원했던 것처럼, 너희도 영적인 눈을 떠서 내가 누구인지 제대로 보고 알기를 원해야 한다. 그게 가장 중요하고 너희에게 꼭 필요한 일이다."

포도원 품꾼들의 비유도 마찬가지입니다. 내가 남들보다 더 많이 수고했다고 더 많은 것을 바라는 마음, 늦게 온 저들보다 더 많이 일했기 때문에 최소한 저들보다는 더 많은 대접을 받아야 한다는 생각. 그런 마음과 생각으로는 결코 십자가 지는 삶을 살 수 없다고 말씀하십니다. 세 번이나 십자가와 죽음, 부활을 말씀하셨어도 여전히 깨닫지 못하는 어리석은 제자들의 모습이죠.

혹시 우리는 영적으로 눈먼 자임에도 불구하고 눈 뜨기를 원하기보다는 엉뚱한 재물과 명예와 권력을 찾고 있는 것은 아닐까요? 그렇다면 우리는 낫기를 원하지 않는 병자일 수 있습니다. 그런 우리에게 오늘도 주님은 물으십니다.

"네게 무엇을 하여주기를 원하느냐?"

저와 여러분은 '나는 예수님을 잘 보고 있다. 십자가를 잘 보고 있다. 그러니 난 괜찮다'라고 생각하는 제자들과 수많은 무리의 착각과 교만에서 벗어나, 이 땅에 발 딛고 살아가는 동안 영적으로 눈먼 자임을 고백하기를 바랍니다. 날마다 "주님, 제가 눈 뜨기를 원합니다", "제대로 주님을 보기를 원합니다"라고 말입니다.

32 예수께서 걸음을 멈추시고, 그들을 불러서 말씀하셨다. "너희 소원이 무엇이냐?" 33 그들이 예수께 말하였다. "주님, 눈을 뜨는 것입니다." 34 예수께서 가엽게 여기시고 그들의 눈에 손을 대시니, 그들은 곧 다시 보게 되었다. 그들은 예수를 따라갔다. 새번역

☕ 나의 한 장 묵상

---

blue**se

하나님을 믿는다면서도 때로는 하나님을 믿지 않는 사람들처럼 사는 내 모습을 발견하게 되어 회개합니다. 내 눈이 영으로나 육으로나 하나님만 보며 살길 소원합니다.

찬송인가 욕망인가
찬송으로 포장된 거짓된 욕망

마태복음 21장

📖 **21장의 내용과 배경**

21장은 네 부분으로 나눌 수 있습니다.

▶ 1-11절 예루살렘 입성

▶ 12-17절 성전 청결 사건

▶ 18-22절 무화과나무 저주

▶ 23-46절 이스라엘 지도자들과의 논쟁

▶ **예루살렘 입성**

예수님은 십자가 고난을 위해 예루살렘에 입성하시고, 제자들에게 마을로 들어가서 나귀와 나귀 새끼를 끌고 오라고 말씀하십니다. 이는 스가랴 선지자를 통하여 하신 하나님의 말씀을 이루기 위함이었습니다.

> 시온의 딸아 크게 기뻐할지어다 예루살렘의 딸아 즐거이 부를지어다 보라 네
> 왕이 네게 임하시나니 그는 공의로우시며 구원을 베푸시며 겸손하여서 나귀를
> 타시나니 나귀의 작은 것 곧 나귀 새끼니라 슥 9:9

나귀를 타고 예루살렘을 향해 들어가시는 예수님의 모습은 영락
없이 그 옛날 선지자들이 예언한 메시아의 모습이었죠. 당시 유월절
을 지키기 위해 예루살렘에 모여든 유대인들은 그런 예수님의 모습
을 보고 흥분하여 자신들이 할 수 있는 최고의 찬송과 경배를 올려
드립니다.

> 8 무리의 대다수는 그들의 겉옷을 길에 펴고 다른 이들은 나뭇가지를 베어 길
> 에 펴고 9 앞에서 가고 뒤에서 따르는 무리가 소리 높여 이르되 호산나 다윗의
> 자손이여 찬송하리로다 주의 이름으로 오시는 이여 가장 높은 곳에서 호산나
> 하더라

▶ 성전 청결 사건
예루살렘 입성 후 성전에 들어가신 예수님은 성전에서 제사를 위
해 제물을 사고팔며 돈 바꾸는 사람들을 모두 내쫓으시고, 구약의
말씀을 인용하여 성전은 기도하는 집이어야 함을 강조하시죠.

> 내가 곧 그들을 나의 성산으로 인도하여 기도하는 내 집에서 그들을 기쁘게 할
> 것이며 그들의 번제와 희생을 나의 제단에서 기꺼이 받게 되리니 이는 내 집은

만민이 기도하는 집이라 일컬음이 될 것임이라 사 56:7

내 이름으로 일컬음을 받는 이 집이 너희 눈에는 도둑의 소굴로 보이느냐 보라
나 곧 내가 그것을 보았노라 여호와의 말씀이니라 렘 7:11

이러한 말씀 이후에 눈먼 자와 저는 자들을 고쳐주십니다. 이러한
예수님의 행동에 대제사장들과 서기관들은 매우 분노합니다.

14 맹인과 저는 자들이 성전에서 예수께 나아오매 고쳐주시니 15 대제사장들과
서기관들이 예수께서 하시는 이상한 일과 또 성전에서 소리 질러 호산나 다윗
의 자손이여 하는 어린이들을 보고 노하여

▶ 무화과나무 저주

성전을 정결하게 하신 이후 성 밖으로 나가 주무셨던 예수님은 이
튿날 이른 아침, 예루살렘으로 들어가시는 길에 길가에 서 있는 무
화과나무를 보시죠. 잎사귀만 있고 열매는 없는 무화과나무를 향해
영원토록 열매 맺지 못하리라고 하시자 곧 그 무화과나무가 말라버
립니다.

19 길가에서 한 무화과나무를 보시고 그리로 가사 잎사귀밖에 아무것도 찾지
못하시고 나무에게 이르시되 이제부터 영원토록 네가 열매를 맺지 못하리라
하시니 무화과나무가 곧 마른지라

이는 형식만 남아있고 그 중심에 하나님과 이웃을 향한 사랑이 말라버린 예루살렘 성전을 떠올리게 합니다.

▶ **이스라엘 지도자들과의 논쟁**

마지막으로 23절부터 46절까지는 이스라엘 지도자들과의 논쟁인데요, 당시 성전에서 주인 노릇을 하던 대제사장들과 장로들이 예수님의 권위에 대해 도전하자 예수님은 직접적인 대답을 하시기보다 비유를 들어 말씀하십니다.

먼저 두 아들의 비유입니다. 포도원에 가서 일하라는 아버지의 말씀에 맏아들은 가겠다고 대답했지만 가지 않았고, 둘째 아들은 싫다고 했지만 그 후에 뉘우치고 포도원으로 갔습니다.[8]

예수님은 둘 중에 누가 아버지의 뜻대로 하였느냐고 물으십니다. 물론 둘째 아들이죠. 말만 번지르르하게 하고 실은 하나님의 뜻을 하나도 행하지 않고 있는 맏아들, 즉 이스라엘 지도자들의 위선을 꼬집는 말씀입니다.

> 31 그 둘 중의 누가 아버지의 뜻대로 하였느냐 이르되 둘째 아들이니이다 예수께서 그들에게 이르시되 내가 진실로 너희에게 이르노니 세리들과 창녀들이 너희보다 먼저 하나님의 나라에 들어가리라

---

8) 사본 차이로 공동번역과 새번역 성경에서는 뉘우치고 포도원으로 간 아들이 맏아들이라고 나온다.

두 번째는 포도원 농부의 비유입니다. 주인의 소유인 포도원을 잠시 맡아 일하던 농부들이 주인이 없는 틈을 타 포도원을 자기 소유로 삼으려고 합니다. 그들은 주인이 보낸 종들을 죽이고, 결국 주인의 아들까지도 죽입니다. 이는 하나님의 아들 예수 그리스도를 죽이려고 하는 이스라엘 지도자들의 어리석음을 꼬집는 말씀입니다.

> 43 그러므로 내가 너희에게 이르노니 하나님의 나라를 너희는 빼앗기고 그 나라의 열매 맺는 백성이 받으리라

대제사장들과 바리새인들은 두 비유가 자기들을 가리켜서 하신 말씀이신 줄 알고 예수님을 잡고 싶었으나 예수님을 따르는 많은 무리가 무서워 그 일을 포기합니다.

> 45 대제사장들과 바리새인들이 예수의 비유를 듣고 자기들을 가리켜 말씀하심인 줄 알고 46 잡고자 하나 무리를 무서워하니 이는 그들이 예수를 선지자로 앎이었더라

 보통 목사의 한 장 묵상

찬송을 저주로 바꾸는 욕망

오늘 말씀에는 완전히 달라 보이는 두 부류의 사람이 등장합니다. 첫 번째는 시종일관 예수님을 못마땅하게 여기며 예수님을 가두려

하는 대제사장들과 바리새인들입니다. 두 번째는 예수님을 환영하고 찬송했던 무리입니다. 예루살렘 입성 시에 자기의 겉옷을 길에 펴고 "호산나 다윗의 자손이여!"라고 외친 사람들로, 예수님의 든든한 호위무사가 되어 이스라엘 지도자들의 위협에서 보호하는 방패 역할을 했습니다.

> 46 잡고자 하나 무리를 무서워하니 이는 그들이 예수를 선지자로 앎이었더라

그러나 놀랍게도 일주일이 채 되기도 전에 이 둘은 완벽한 한 팀을 이루어 예수님을 십자가에 못 박으라고 한목소리로 외칩니다. 예루살렘 입성 당시 "호산나" 하며 찬송했던 무리가 어떻게 갑자기 예수님을 죽이라고 외치게 된 것일까요? 이스라엘 지도자들이 두려워할 만큼 예수님을 따르던 무리가 어떻게 순식간에 예수님을 죽이려는 자들로 바뀌었을까요?

사실 무리는 변한 것이 없습니다. 그들은 줄곧 같은 마음으로 예수님을 찬송했거든요. 요한복음 12장도 예루살렘 입성 때의 일을 기록했는데 그 앞의 11장에 예루살렘 입성 바로 전, 죽은 나사로를 살리시는 사건이 나옵니다.

> 이 말씀을 하시고 큰 소리로 나사로야 나오라 부르시니 죽은 자가 수족을 베로 동인 채로 나오는데 그 얼굴은 수건에 싸였더라 예수께서 이르시되 풀어 놓아 다니게 하라 하시니라 마리아에게 와서 예수께서 하신 일을 본 많은 유대인이

그를 믿었으나 요 11:43-45

나사로 때문에 많은 유대인이 가서 예수를 믿음이러라 그 이튿날에는 명절에 온 큰 무리가 예수께서 예루살렘으로 오신다는 것을 듣고 종려나무 가지를 가지고 맞으러 나가 외치되 호산나 찬송하리로다 주의 이름으로 오시는 이 곧 이스라엘의 왕이시여 하더라 요 12:11-13

나사로의 회생(回生)을 보자 엄청난 무리가 몰려들었고, 예수님을 열렬히 찬송했습니다. 겉으로 보기에는 찬송처럼 보이지만, 실은 회생하기를 바라는 자신들의 욕망을 향해 외쳤던 것이죠.

온 예루살렘이 나사로의 회생(回生, revival)으로 흥분해 있을 때, 예수님은 줄곧 회생이 아닌 희생(犧牲, sacrifice)을 말씀하십니다.

내가 진실로 진실로 너희에게 이르노니 한 알의 밀이 땅에 떨어져 죽지 아니하면 한 알 그대로 있고 죽으면 많은 열매를 맺느니라 요 12:24

요한복음에서 예루살렘 입성 후 가장 처음으로 하신 말씀도 "한 알의 밀이 땅에 떨어져 죽어야 많은 열매를 맺을 것이다"라는 희생의 말씀이었고, 마태복음 21장에서도 포도원 농부 비유를 통해 주인의 아들의 죽음, 즉 자신의 희생을 예고하시죠.

38 농부들이 그 아들을 보고 서로 말하되 이는 상속자니 자 죽이고 그의 유산을

예수님을 따르고 찬송하던 무리가 일주일이 되기도 전에 예수님을 죽이려 했던 이유가 여기에 있습니다. 바로 '희생 없는 회생'만을 바라는 그들의 욕망 때문입니다. 희생 없는 회생만을 바라는 욕망은 이스라엘의 지도자들과 무리뿐만 아니라, 심지어 예수님을 따르던 제자들에게도 있었습니다. 그 욕망이 예수님을 십자가에 달아 죽게 했습니다.

오늘 우리는 어떤가요? 주님을 향한 찬송 속에 혹시 희생 없는 회생만을 바라는 욕망이 숨어 있지는 않나요? 만약 그렇다면, 우리가 드리는 어떤 찬송도 순식간에 예수님을 십자가에 못 박으라는 저주로 바뀔 수 있습니다.

주님은 오늘도 십자가의 길, 고난과 희생의 길로 우리를 초청하십니다. 그 부르심에 "예" 하고 대답하면서도, 실은 삶 속에서 조그만 희생도 용납하지 않는 어리석은 맏아들의 모습이 내 모습일 수 있습니다. 또 나의 욕심을 위해 주인의 아들까지도 죽이는 배은망덕한 포도원 농부들의 모습이 내 모습일 수 있습니다.

희생 없는 회생만을 바라는 욕심을 버리고, 십자가 지고 주를 따를 때 우리의 찬송은 주님이 기뻐하시는 진정한 경배와 찬송이 될 줄 믿습니다.

나의 한 장 묵상

지*사랑

호산나 찬양했던 그들이 너무도 쉽게 변절하는 게 이상했는데 희생 아닌 회생만을 구했기 때문이었네요. 육의 눈으로 육의 것을 구하니 결국 열매 맺지 못하는 삶으로 귀결되는 것 같습니다.

무화과나무는 파게(따내야 하는 이른 무화과)조차도 맺지 못하여 저주를 받았고, 바리새인들과 대제사장들은 희생하지 못하여, 희생하여 열매 맺는 백성에게 하나님의 나라를 빼앗기는 것이죠. 열매 맺지 못하고 겉만 번지르르하여 자기 의로 사는 외식하는 자가 되지 않기를 소망합니다.

ORDINARY PASTOR BIBLE in **10**-MINUTE

PART

04

그날까지
주님과 함께

반드시 입어야 할 예복이란?

혼인 잔치 비유 해설

📖 22장의 내용과 배경

22장은 크게 두 부분으로 나눌 수 있습니다.

▶ 1-14절 혼인 잔치 비유

▶ 15-46절 예수님과 이스라엘 지도자들의 논쟁

▶ 혼인 잔치 비유

이 비유는 앞서 21장에 나온 두 아들의 비유 및 포도원 농부의 비유와 궤를 같이합니다. 이 세 비유의 중심 내용은 '거절'입니다. 두 아들의 비유에서 맏아들은 아버지의 명령에 대답만 하고 행하지는 않는 거절의 모습을 보이죠. 포도원 농부 비유에서도 농부들은 포도원을 자기 소유로 삼기 위해 포도원 주인의 명령을 거절합니다.

그러나 너희 생각에는 어떠하냐 어떤 사람에게 두 아들이 있는데 맏아들에게 가서 이르되 얘 오늘 포도원에 가서 일하라 하니 대답하여 이르되 아버지 가겠나이다 하더니 가지 아니하고 마 21:28,29

다른 한 비유를 들으라 한 집 주인이 포도원을 만들어 산울타리로 두르고 거기에 즙 짜는 틀을 만들고 망대를 짓고 농부들에게 세로 주고 타국에 갔더니 열매 거둘 때가 가까우매 그 열매를 받으려고 자기 종들을 농부들에게 보내니 농부들이 종들을 잡아 하나는 심히 때리고 하나는 죽이고 하나는 돌로 쳤거늘 마 21:33-35

22장의 혼인 잔치 비유에서도 사람들의 거절이 나타납니다. 한 임금이 자기 아들을 위해 혼인 잔치를 베풀고, 종들을 시켜 사람들을 잔치에 오도록 초청합니다. 그러나 초청받은 사람들은 여러 이유를 대며 임금의 초청을 거절하고, 심지어 임금이 보낸 종들을 죽이기까지 합니다. 이런 이해할 수 없는 거절에 임금은 노하여 군대를 보내 그들을 진멸하고 동네를 불사릅니다.

3 그 종들을 보내어 그 청한 사람들을 혼인 잔치에 오라 하였더니 오기를 싫어하거늘 … 6 그 남은 자들은 종들을 잡아 모욕하고 죽이니 7 임금이 노하여 군대를 보내어 그 살인한 자들을 진멸하고 그 동네를 불사르고

그 후 임금은 다시 새로운 사람들을 잔치에 초청하고 악한 자나 선한 자나 만나는 모든 사람을 데려옵니다. 이제 드디어 잔치 자리

에 임금이 등장하는데 손님 중 예복을 입지 않은 사람이 있었습니다. 혼인 잔치 비유는 임금이 예복을 입지 않은 그 사람을 쫓아내는 것으로 끝이 납니다.

> 11 임금이 손님들을 보러 들어올새 거기서 예복을 입지 않은 한 사람을 보고 12 이르되 친구여 어찌하여 예복을 입지 않고 여기 들어왔느냐 하니 그가 아무 말도 못 하거늘 13 임금이 사환들에게 말하되 그 손발을 묶어 바깥 어두운 데에 내던지라 거기서 슬피 울며 이를 갈게 되리라 하니라

▶ **예수님과 이스라엘 지도자들의 논쟁**

15절부터 46절까지 예수님과 이스라엘 지도자들의 논쟁이 나오는데 총 4가지 논쟁이 있었습니다.

① 세금 논쟁
② 부활 논쟁
③ 가장 큰 계명 논쟁
④ 다윗의 자손에 관한 논쟁

첫 번째 논쟁 : 세금(15-22절)

바리새인들의 제자와 헤롯 당원들이 예수님을 찾아가 가이사에게 세금을 바치는 것이 옳은 일인지를 묻습니다. 그들의 목적은 분명했습니다. 예수님을 말의 올무에 걸리게 하기 위해서였죠.

가이사에게 내는 세금이 옳다고 하면 많은 유대인이 예수님에게 등을 돌릴 것이고, 옳지 않다고 하면 로마 황제의 권위에 도전하게 되는 것이니 어떤 답을 해도 곤란한 질문이었습니다.

하지만 예수님은 그들이 예상하지 못한 제3의 답을 제시하십니다. 황제의 모습이 그려진 데나리온 하나를 가져오라 하시고는 가이사의 것은 가이사에게, 하나님의 것은 하나님께 바치라고 답하십니다. '맞다', '아니다'라는 이분법적 사고의 틀을 깨버리신 것입니다.

두 번째 논쟁 : 부활(23-33절)

이번에는 사두개인들이 와서 예수님에게 신명기 25장의 수혼법(嫂婚法)을 들어 조금은 엉뚱한 질문을 합니다. '형사취수'(兄死娶嫂)라고도 하는 이 수혼법은 어떤 사람이 후손을 남기지 않고 죽었을 때 그의 동생이나 가까운 친척이 죽은 사람의 아내와 결혼하여 그 사이에 낳은 아들을 죽은 이의 상속자로 삼는 법입니다.

형제들이 함께 사는데 그중 하나가 죽고 아들이 없거든 그 죽은 자의 아내는 나가서 타인에게 시집 가지 말 것이요 그의 남편의 형제가 그에게로 들어가서 그를 맞이하여 아내로 삼아 그의 남편의 형제 된 의무를 그에게 다 행할 것이요 그 여인이 낳은 첫아들이 그 죽은 형제의 이름을 잇게 하여 그 이름이 이스

라엘 중에서 끊어지지 않게 할 것이니라 신 25:5,6

　사두개인들은 여기 일곱 형제가 있다고 가정하고, 첫째부터 일곱째까지 모두 후손을 남기지 않고 죽어서 맏이의 아내가 일곱 형제 모두와 결혼을 한 경우, 과연 이 여자는 부활 때에 누구의 아내가 될 것이냐고 질문합니다.

　지난 세금 논쟁에서 옳은지 그른지 선택지가 두 개였다면, 이번 논쟁에서는 선택지가 일곱 개로 늘어납니다. 하지만 이번에도 예수님은 일곱 개의 보기 중 하나를 택하지 않으시고, 예상 밖의 답을 말씀하시죠.

> 29 예수께서 대답하여 이르시되 너희가 성경도, 하나님의 능력도 알지 못하는 고로 오해하였도다 30 부활 때에는 장가도 아니 가고 시집도 아니 가고 하늘에 있는 천사들과 같으니라 31 죽은 자의 부활을 논할진대 하나님이 너희에게 말씀하신 바 32 나는 아브라함의 하나님이요 이삭의 하나님이요 야곱의 하나님이로라 하신 것을 읽어보지 못하였느냐 하나님은 죽은 자의 하나님이 아니요 살아 있는 자의 하나님이시니라 하시니

　사두개인들의 이러한 질문은 그들이 진정 부활을 믿지 않았기 때문입니다. 예수님은 부활 후에는 지금과는 전혀 다른 차원의 삶의 펼쳐질 것이라고 말씀하시며 이 땅의 논리에 갇혀 있는 사두개인들의 좁은 사고의 틀을 깨뜨리십니다.

세 번째 논쟁 : 가장 큰 계명(34-40절)

다음으로 세 번째 논쟁은 가장 큰 계명 논쟁입니다. 예수님을 올무에 걸리게 하려는 작전이 번번이 무산되자 이제는 바리새인들이 직접 등장하고 그중 한 율법사가 예수님에게 어마어마한 질문을 던집니다.

> 36 선생님 율법 중에서 어느 계명이 크니이까

보기가 두 개였던 첫 번째 논쟁, 일곱 개였던 두 번째 논쟁에 이어 이번에는 그 보기가 무려 613개로 늘어납니다. 유대인들은 율법서에 나오는 계명을 613개로 분류하거든요.

앞에서 계속 보았던 것처럼 바리새인들은 지독한 자기 사랑에 빠져 있었습니다(12장 참고). 그런 바리새인들에게 예수님은 신명기 6장 5절의 하나님 사랑과 레위기 19장 18절의 이웃 사랑에 관한 계명을 말씀하시며, 이 두 가지가 온 율법과 선지자의 강령, 즉 핵심적인 뿌리가 됨을 강조하십니다. 예수님은 자기 사랑에만 몰두해 있던 바리새인들의 좁은 사고의 틀을 깨뜨려 버리십니다.

> 너는 마음을 다하고 뜻을 다하고 힘을 다하여 네 하나님 여호와를 사랑하라 신 6:5

> 원수를 갚지 말며 동포를 원망하지 말며 네 이웃 사랑하기를 네 자신과 같이 사랑하라 나는 여호와이니라 레 19:18

네 번째 논쟁 : 다윗의 자손(41-46절)

마지막인 네 번째 논쟁은 다윗의 자손에 관한 논쟁입니다. 지금까지 질문을 받기만 하시던 예수님이 역으로 바리새인들에게 질문하십니다. 그리스도가 누구의 자손이냐고요.

> 41 바리새인들이 모였을 때에 예수께서 그들에게 물으시되 42 너희는 그리스도에 대하여 어떻게 생각하느냐 누구의 자손이냐 대답하되 다윗의 자손이니이다

바리새인들은 고민 없이 즉각 "다윗의 자손"이라고 대답합니다. 다윗의 자손이 메시아가 될 것이라는 말씀은 구약에도 자주 등장하는 예언이었거든요.

> 여호와께서 다윗의 집을 멸하기를 즐겨하지 아니하셨음은 이전에 다윗과 더불어 언약을 세우시고 또 다윗과 그의 자손에게 항상 등불을 주겠다고 말씀하셨음이더라 대하 21:7

> 내가 내 종 야곱에게 준 땅 곧 그의 조상들이 거주하던 땅에 그들이 거주하되 그들과 그들의 자자 손손이 영원히 거기에 거주할 것이요 내 종 다윗이 영원히 그들의 왕이 되리라 겔 37:25

그러나 이번에도 역시 예수님은 그들의 좁은 사고의 틀을 깨뜨리십니다. 메시아는 다윗의 자손이기도 하지만 다윗의 주도 되신다는

것이죠.

> 43 이르시되 그러면 다윗이 성령에 감동되어 어찌 그리스도를 주라 칭하여 말
> 하되 44 주께서 내 주께 이르시되 내가 네 원수를 네 발 아래에 둘 때까지 내 우
> 편에 앉아 있으라 하셨도다 하였느냐 45 다윗이 그리스도를 주라 칭하였은즉
> 어찌 그의 자손이 되겠느냐 하시니

다윗 시대의 번영과 영광만을 기대하며, 다윗의 때로 회귀하기만을 바라던 이스라엘 지도자들에게 경고의 메시지를 던지시는 것으로 마태복음 22장은 끝이 납니다.

 보통 목사의 한 장 묵상

꼭 입어야 할 거룩한 예복

예수님과 이스라엘 지도자들 간에 있었던 길고 긴 네 번의 논쟁은 '틀에 갇힌 이스라엘 지도자들과 틀을 깨시려는 예수님'으로 정리해 볼 수 있겠습니다.

그렇다면 혼인 잔치 비유에는 어떤 메시지가 담겨 있을까요? 혼인 잔치 비유에서 우리 상식에는 이해되지 않는 장면들이 나오죠. 임금의 초청을 아무렇지도 않게 거절하는 장면이나, 그 중요한 혼인 잔치에 악한 자나 선한 자 등 아무나 데려오는 장면이 그렇습니다.

> 2 천국은 마치 자기 아들을 위하여 혼인 잔치를 베푼 어떤 임금과 같으니 3 그
> 종들을 보내어 그 청한 사람들을 혼인 잔치에 오라 하였더니 오기를 싫어하거
> 늘 … 9 네거리 길에 가서 사람을 만나는 대로 혼인 잔치에 청하여 오라 한 대
> 10 종들이 길에 나가 악한 자나 선한 자나 만나는 대로 모두 데려오니 혼인 잔
> 치에 손님들이 가득한지라

그중에서도 제게 가장 이해되지 않았던 것은 그렇게 데려온 손님 중에서 예복을 입지 않은 한 사람을 쫓아내시는 장면입니다.

> 11 임금이 손님들을 보러 들어올새 거기서 예복을 입지 않은 한 사람을 보고
> 12 이르되 친구여 어찌하여 예복을 입지 않고 여기 들어왔느냐 하니 그가 아무
> 말도 못 하거늘 13 임금이 사환들에게 말하되 그 손발을 묶어 바깥 어두운 데에
> 내던지라 거기서 슬피 울며 이를 갈게 되리라 하니라

사전에 고지를 받은 것도 아니고, 갑자기 초청되어 온 손님인데 그런 사람에게 예복을 입지 않았다고 쫓아내는 건 너무하지 않나 싶었기 때문이죠.

이 말씀을 묵상하면서 임금이신 주님께서 우리에게 요구하시는 예복은 무엇일까 곰곰이 생각해봤는데요, 그 답을 앞선 마태복음 21장에 나오는 포도원 농부의 비유에서 찾았습니다. 탐욕에 눈이 멀어 주인이 보낸 종들을 때리고 죽인 농부들에게 주인은 마지막으로 아들을 보내며 이렇게 말했습니다.

후에 자기 아들을 보내며 이르되 그들이 내 아들은 존대하리라 하였더니

마 21:37

주인이 농부들에게 기대한 것은 무엇이었나요? 바로 아들에 대한 존대였습니다. 그러나 농부들은 종들은 물론이고 주인의 아들마저도 존대하지 않고 내쫓아 죽였습니다. 다시 혼인 잔치의 비유로 돌아와서 임금이 요구했던 예복, 하나님께서 우리에게 요구하시는 예복은 무엇일까요? 바로 주인과 아들을 존대하는 마음, 즉 하나님과 사람을 존대하는 태도입니다.

임금의 두 번째 초청 대상자는 길에 다니는 모든 사람이었습니다. 악한 자나 선한 자나, 지위와 나이 성별을 막론하고 만나는 모든 사람을 청하여 데려왔습니다. 언뜻 보면 아무 기준이 없어 보이는 이 초청에 딱 하나 공통적으로 요구하신 것이 바로 '예복'이었습니다.

예복이 무엇인가에 대해 다양한 의견이 있을 수 있지만 저는 21장과 22장의 맥락 속에서 반드시 갖춰 입어야 할 예복을 '하나님과 사람을 존대하는 태도'로 보았는데요, 이스라엘 지도자들에게 바로 이 예복이 없었습니다.

예수님과 긴 논쟁이 시작되는 15절에 그들의 목적이 나타나 있는데, 그것은 대화를 통해 무언가를 배우려 하거나 상대방에 대해 알고자 하는 것이 아니라 그저 예수님을 '말의 올무에' 걸리게 하려는 것뿐이었습니다.

15 이에 바리새인들이 가서 어떻게 하면 예수를 말의 올무에 걸리게 할까 상의
하고

이스라엘 지도자들은 화려하고 값비싼 의복을 걸쳤는지는 모르지만, 하나님이 원하시는 '하나님과 사람을 존대하는' 예복을 입는데는 실패했습니다.

여러분은 어떠신가요? 예복을 입고 계신가요? 포도원 농부 비유를 기억하세요. 앞서 보낸 종들을 존대하지 않으면, 주인의 아들도 존대하지 못합니다. 당장 내 곁에 있는 사람부터 존대하기 시작할 때 그 존대가 하나님에게까지 닿을 줄 믿습니다. 이것이 바로 어떤 일이 있어도 우리가 꼭 입어야 할 거룩한 예복입니다.

☕ **나의 한 장 묵상**

....

....

....

....

michelle *
항상 궁금했습니다. 예복 입지 않은 자를 쫓아낸 의미, 예복의 의미가 무엇인지. 이웃과 하나님의 아들을 존귀히 여기고 존중하는 것이 신앙인의 기본이 되어야 한다

는 말씀을 들으니 이웃에게 무엇을 행하기에 앞서 나 자신의 준비된 자세와 태도를 되돌아보게 됩니다. '신앙인으로서 마땅한 본분'이라는 것조차 내 만족을 위한 베풂이 될 수 있기에 가장 낮은 자로서의 스스로의 마음가짐을 잊지 않아야겠습니다. 매일 깨어지지 않으면 어느 순간 내 삶에 찾아와 자리잡아버리는 (나름 그럴듯한 겉치레) 모습에 부끄럽기 그지없습니다.

어쩌다 바리새인?

당신의 열심이 위험한 이유

📖 **23장의 내용과 배경**

23장은 네 부분으로 나눌 수 있습니다.

▶ 1-12절 모세의 자리에 앉은 자들

▶ 13-33절 일곱 가지의 화

▶ 34-36절 제자들이 받을 박해와 고난

▶ 37-39절 예루살렘에 대한 심판의 예언

지난 22장에서는 예수님과 이스라엘 종교 지도자들 간에 논쟁이 이어졌습니다. 형식은 논쟁이었지만 사실 예수님을 말의 올무에 걸리게 하려는 계략이었죠. 긴 논쟁을 마친 후 23장에서 예수님은 무리와 제자들에게 말씀하시는데, 바리새인과 서기관들을 꾸짖는 말씀이 주를 이루고 있습니다.

▶ 모세의 자리에 앉은 자들

먼저 1-12절에서 예수님은 서기관들과 바리새인들을 가리켜 "모세의 자리"에 앉은 자라고 말씀하시며, 책임은 피하고 높은 자리만을 탐하는 그들의 위선을 꼬집으십니다.

2 서기관들과 바리새인들이 모세의 자리에 앉았으니 3 그러므로 무엇이든지 그들이 말하는 바는 행하고 지키되 그들이 하는 행위는 본받지 말라 그들은 말만 하고 행하지 아니하며 4 또 무거운 짐을 묶어 사람의 어깨에 지우되 자기는 이것을 한 손가락으로도 움직이려 하지 아니하며 5 그들의 모든 행위를 사람에게 보이고자 하나니 곧 그 경문 띠를 넓게 하며 옷술을 길게 하고 6 잔치의 윗자리와 회당의 높은 자리와 7 시장에서 문안받는 것과 사람에게 랍비라 칭함을 받는 것을 좋아하느니라

그리고 무리와 제자들에게는 높은 자리를 탐하지 말고 섬겨야 한다고, 낮은 자리에서 섬기는 자가 큰 자라고 말씀하십니다.

11 너희 중에 큰 자는 너희를 섬기는 자가 되어야 하리라 12 누구든지 자기를 높이는 자는 낮아지고 누구든지 자기를 낮추는 자는 높아지리라

▶ 일곱 가지의 화

13절부터 33절까지 예수님은 서기관과 바리새인을 향해 일곱 번에 걸쳐 화를 쏟아내십니다.

① 천국 문을 막는 자들(13-14절[9])

② 악을 전염시키는 자들(15절)

③ 맹세에 관해 잘못 가르치는 자들(16-22절)

④ 더 중요한 것을 소홀하게 여기는 자들(23-24절)

⑤ 속이 더러운 자들(25-26절)

⑥ 안으로 외식과 불법이 가득한 자들(27-28절)

⑦ 조상의 죄를 반복하는 자들(29-33절)

▶ 제자들이 받을 박해와 고난

그런 후 34절부터 36절까지는 제자들이 받을 박해와 고난을 말씀해주십니다.

> 34 그러므로 내가 너희에게 선지자들과 지혜 있는 자들과 서기관들을 보내매 너희가 그중에서 더러는 죽이거나 십자가에 못 박고 그중에서 더러는 너희 회당에서 채찍질하고 이 동네에서 저 동네로 따라다니며 박해하리라 35 그러므로 의인 아벨의 피로부터 성전과 제단 사이에서 너희가 죽인 바라갸의 아들 사가랴의 피까지 땅 위에서 흘린 의로운 피가 다 너희에게 돌아가리라 36 내가 진실로 너희에게 이르노니 이것이 다 이 세대에 돌아가리라

---

9) 《마태복음2 100주년주석》(김영봉, 대한기독교서회)에 따르면, 14절이 (없음)인 이유는 옛날 원본에는 14절이 있었으나, 현대 본문비평 결과 후대의 첨가인 것으로 밝혀져 빼버렸기 때문이다(p.318).

▶ 예루살렘에 대한 심판의 예언

마지막으로 37절부터 39절까지 예루살렘에 대한 심판을 예언하시고 이렇게 마태복음 23장이 끝납니다.

> 37 예루살렘아 예루살렘아 선지자들을 죽이고 네게 파송된 자들을 돌로 치는 자여 암탉이 그 새끼를 날개 아래에 모음 같이 내가 네 자녀를 모으려 한 일이 몇 번이더냐 그러나 너희가 원하지 아니하였도다 38 보라 너희 집이 황폐하여 버려진 바 되리라 39 내가 너희에게 이르노니 이제부터 너희는 찬송하리로다 주의 이름으로 오시는 이여 할 때까지 나를 보지 못하리라 하시니라

 보통 목사의 한 장 묵상

'하나님의 열심'과 '하나님께 열심'

'예수님이 이렇게 화가 많으신 분이셨나?' 싶을 정도로 23장 본문에서 예수님은 바리새인과 서기관들에 대해 분노를 쏟아내시는데 1절을 보면 이 분노의 말씀을 듣고 있는 청중이 무리와 제자들입니다.

> 1 이에 예수께서 무리와 제자들에게 말씀하여 이르시되

사실 이런 예수님의 분노가 무리와 제자들에게는 조금 이해가 되지 않았을지도 모릅니다. 당시 유대 사회에서 바리새인에 대한 평

가는 오늘날 우리가 생각하는 만큼 박하지 않았거든요. 우리는 이미 성경의 내용을 다 알기 때문에 '바리새인' 하면 위선자, 탐욕과 권력욕에 눈먼 자 등 부정적인 이미지를 떠올리기 쉽지만, 당시 유대 사람들은 그렇지 않았습니다. 바리새인은 당시 유대 사회에서 대중적인 인기를 끌었던 부류였습니다.

바리새파는 권력자의 편에 붙어 엘리트주의, 제사장주의만을 고집했던 사두개파에 대한 반동으로 생겨났습니다. 바리새인들은 소수의 제사장만이 레위기의 정결 규정과 음식 규정을 지켜야 한다는 기존의 생각을 깨뜨리고, 성경의 규례들을 민족 전체의 삶을 위한 기준으로 삼았습니다.

또 사두개파는 성전 제의(祭儀)만 보장된다면 로마와 손잡는 것도 어렵지 않게 생각했지만 이와 달리 바리새파는 로마 황제에 대한 충성 사역을 거부하며 신앙적 결기를 지켰습니다. 그러니 많은 사람의 존경과 사랑을 받는 것이 당연했겠죠.

그런데 예수님이 그런 바리새인들을 향해 엄청난 진노와 화를 쏟아내시는 것입니다. 예수님이 바리새인들을 향해 지적하신 일곱 가지 화의 이유를 한 문장으로 이렇게 정리해볼 수 있겠습니다.

'하나님의 열심에는 관심이 없고, 하나님께만 열심을 내었던 죄'

'하나님의 열심'과 '하나님께 열심'은 한 글자밖에 차이가 나지 않지만, 그 뜻은 전연 다릅니다. '하나님께 열심'은 그저 하나님이라는 대상을 설정해 두고, 그 대상을 향해서만 열심을 내는 것입니다. 하나님의 뜻이나 열심, 관심은 고려하지 않은 채 그저 열심을 내는 행위 자체에 몰두하는 것으로, 이러한 '하나님께 열심'은 자기 의로 빠지기 쉽습니다.

그러나 '하나님의 열심'은 다르죠. 이것은 하나님께서 무엇에 열심을 내고 계시는지, 하나님의 뜻과 마음에 관심을 갖는 것입니다. 자신의 의를 위한 맹목적인 열심이 아닌, 하나님의 열심을 이루기 위한 완전한 복종과 순종의 삶을 말하는 것이죠.

예수님이 서기관과 바리새인을 향해 화를 내신 것도 이들이 하나님께만 열심을 내며 자신의 의에 취한 채, 세상과 사람을 사랑하시는 하나님의 열심은 무시했기 때문입니다.

오늘 말씀은 지난 22장에서 살펴본 '예복'과도 연결됩니다. 혼인 잔치 비유를 통해, 우리가 입어야 할 예복은 '하나님과 사람을 존대하는 마음과 태도'라고 말씀드렸는데요, 서기관과 바리새인들에게 바로 이 예복이 없었습니다. 그들은 옷술이 길게 달린 옷 입는 것에만 급급했지, 지극히 작고 연약한 자를 존귀히 여기는 거룩한 예복을 입지 않았습니다. 16절부터 22절까지의 말씀을 메시지성경은 이렇게 옮기고 있습니다.

너희는 도무지 구제 불능이구나! 얼마나 교만하고 미련하냐! 너희는 '새끼 손가락 걸고 약속하면 아무것도 아니지만 성경책에 손을 얹고 맹세하면 중요하다'고 말한다. 이 무슨 무식한 소리냐! 성경책 가죽이 네

손의 살가죽보다 더 중요하단 말이냐? 또 '악수하면서 약속하면 아무 것도 아니지만, 하나님을 증인 삼아 손을 들면 중요하다'는 말 같지도 않은 말은 어떠냐? 이런 하찮은 것이나 따지고 있으니 얼마나 우스우냐! 악수를 하든 손을 들든, 무엇이 다르단 말이냐? 약속은 약속이다. 예배당 안에서 하든 밖에서 하든, 무엇이 다르단 말이냐? 약속은 약속이다. 하나님은 언제나 그 자리에 계셔서, 너희를 지켜보시며 너희에게 책임을 물으신다. 마 23:16-22, 『메시지』

여러분은 어떠신가요? 혹시 하나님께 대한 열심만으로 만족하고 계시진 않나요? 매주 드리는 예배와 헌금, 그리고 때마다 하는 봉사. '이 정도 열심이면 괜찮겠지. 이게 다 하나님을 위해서 하는 일인데' 하며 안심하셨나요? 어쩌면 나도 모르는 사이에 바리새인이 되어가는 중일지도 모릅니다. 하나님께 대한 열심만으로 만족하지 말고, 과연 나의 열심이 '하나님의 열심', '하나님의 관심'과 얼마나 닮아있는가를 늘 점검하시기 바랍니다.

23 그러나 이것도 행하고 저것도 버리지 말아야 할지니라

하나님의 열심과 하나님께 열심. 이 두 가지 중 하나도 버리지 말고 모두 취하는 복된 삶이 되기를 바랍니다.

☕ 나의 한 장 묵상

- -

- -

- -

- -

김*진

하나님께 한다고 하면서 내 의를 드러내지 않았는지. 하나님의 뜻과 마음을 아는
자가 되길 기도합니다.

말세에 일어날 일들?!

마지막 때에 관한 말씀 1

마태복음 24장

📖 24장의 내용과 배경

24장은 세 부분으로 나눌 수 있습니다.

▶ 1-3절 예수님과 제자들의 대화

▶ 4-28절 재난의 징조와 때

▶ 29-51절 인자의 징조와 때

▶ 예수님과 제자들의 대화

1절부터 3절까지 예수님과 제자들의 대화입니다. 지난 23장은 예수님이 예루살렘에 대한 심판의 예언을 하는 것으로 끝나고, 말씀을 마치신 예수님은 성전에서 나오시는데요, 밖에서 바라본 예루살렘 성전의 위용이 얼마나 대단했던지 제자들은 성전 건물을 가리키며 예수님에게 보이려고 합니다.

¹ 예수께서 성전을 나와 얼마쯤 걸어가셨을 때 제자들이 곁으로 다가와서 성전 건물들을 가리키며 보시라고 하였다. **공동번역**

예루살렘 성전을 바라보신 예수님은 제자들에게 "너희들이 보는 저 성전이 돌 하나도 남김없이 무너질 것"이라고 충격적인 말씀을 하십니다.

² 대답하여 이르시되 너희가 이 모든 것을 보지 못하느냐 내가 진실로 너희에게 이르노니 돌 하나도 돌 위에 남지 않고 다 무너뜨려지리라

예수님의 말씀에 충격을 받은 제자들은 감람산에 오른 뒤 예수님에게 성전이 무너지는 그 일이 언제 일어날 것이며, 또 세상 끝에는 어떤 징조가 있을 것인지 질문합니다.

³ 예수께서 감람산 위에 앉으셨을 때에 제자들이 조용히 와서 이르되 우리에게 이르소서 어느 때에 이런 일이 있겠사오며 또 주의 임하심과 세상 끝에는 무슨 징조가 있사오리이까

당시 유대인들에게 예루살렘 성전은 온 세상의 중심이었기에 그 성전이 무너지는 것은 곧 세상의 끝, 종말과 다름없는 일이었습니다. 그러니 예루살렘 성전의 파괴와 세상 끝날의 징조를 함께 물어본 것이죠.

▶ 재난의 징조와 때

4절부터 28절까지는 재난의 징조와 때에 관한 말씀입니다. 예수님은 거짓 선지자의 등장과 기근과 지진, 예수님을 믿는 자들이 받게 될 핍박 등을 말씀하시고, 그때에는 엄청난 환난이 있을 것이라 경고하십니다.

> 5 많은 사람이 내 이름으로 와서 이르되 나는 그리스도라 하여 많은 사람을 미혹하리라 … 7 민족이 민족을, 나라가 나라를 대적하여 일어나겠고 곳곳에 기근과 지진이 있으리니 … 9 그때에 사람들이 너희를 환난에 넘겨 주겠으며 너희를 죽이리니 너희가 내 이름 때문에 모든 민족에게 미움을 받으리라 … 21 이는 그때에 큰 환난이 있겠음이라 창세로부터 지금까지 이런 환난이 없었고 후에도 없으리라

이 본문은 시한부 종말론자들이 많이 인용하는데요, 그들은 이 땅에서 일어나고 있는 거짓 선지자의 등장, 기근과 지진, 전쟁 등을 언급하며 마태복음 24장에 나오는 여러 징조가 바로 이 시대에 일어나고 있으니 세상의 끝날이 얼마 남지 않았다, 곧 끝이 온다고 주장합니다.

하지만 이 말씀은 세상의 끝날에만 국한된 말씀이 아닙니다. 이런 징조들은 예루살렘 성전의 멸망을 앞두고도 일어났던 일이거든요. 사도행전만 봐도 이미 그 시대에 마술사 시몬(행 8:9-11,18-23)과 드다 (행 5:36) 등 많은 거짓 선지자가 있었다는 것을 알 수 있죠.

로마의 역사가 타키투스는 《타키투스의 연대기》(범우)에서 예루살렘 성전이 무너지고 이스라엘이 멸망하는 주후 70년 이전까지 발생했던 전쟁과 기근과 전염병 등을 자세히 기록했습니다. 그리고 마침내 예루살렘은 주후 70년 로마 군대에 의해 돌 하나도 남지 않고 무너지고 말았습니다.

그러니까 앞에 나온 여러 징조를 종말의 징조라고만 볼 수는 없습니다. 예루살렘 파괴의 징조이면서 세상 끝날의 징조이기도 한 것이죠. 그러니 전쟁과 기근, 거짓 선지자의 등장 등을 오늘날 시대로 끌어와 마치 당장에 종말과 재림이 올 것처럼 주장하는 것은 예수님이 말씀하신 본뜻과는 맞지 않는다는 것을 알 수 있습니다.

▶ 인자의 징조와 때

다음으로 29절부터 51절까지는 인자의 징조와 때에 대한 말씀입니다.

> 30 그때에 인자의 징조가 하늘에서 보이겠고 그때에 땅의 모든 족속들이 통곡하며 그들이 인자가 구름을 타고 능력과 큰 영광으로 오는 것을 보리라

그렇다면 세상의 마지막, 그리고 인자가 다시 오는 재림의 때는 언제일까요? 정답은 '아무도 모른다'입니다. 심지어 하나님의 아들이신 예수님도 모르시는데 그날과 그때를 누가 알 수 있겠습니까?

36 그러나 그날과 그때는 아무도 모르나니 하늘의 천사들도, 아들도 모르고 오직 아버지만 아시느니라

예수님은 노아의 홍수 때와 도둑과 주인이 올 때를 비유로 들어 그날과 그때는 아무도 모르니 늘 깨어 준비하라고 말씀하십니다.

37 노아의 때와 같이, 이 인자가 올 때에도 그러할 것이다. 38 홍수 이전 시대에, 노아가 방주에 들어가는 날까지, 사람들은 먹고 마시고 장가가고 시집가며 지냈다. 39 홍수가 나서 그들을 모두 휩쓸어 가기까지, 그들은 아무것도 알지 못하였다. 인자가 올 때에도 그러할 것이다. 40 그때에 두 사람이 밭에 있을 터이나, 하나는 데려가고, 하나는 버려둘 것이다. 41 두 여자가 맷돌을 갈고 있을 터이나, 하나는 데려가고, 하나는 버려둘 것이다. 42 그러므로 깨어 있어라. 너희는 너희 주님께서 어느 날에 오실지를 알지 못하기 때문이다. 새번역

 보통 목사의 한 장 묵상

마지막 때 깨어 있는 삶이란

예루살렘 성전이 무너질 것이라는 이야기를 들은 제자들은 다시 예수님에게 "어느 때에 이런 일이 있겠사오며 또 주의 임하심과 세상 끝에는 무슨 징조가 있사오리이까?"(3절)라고 묻습니다. 유대인들에게 예루살렘의 멸망은 곧 세상의 종말이었습니다. 그러니 그들의 질문에는 예루살렘의 멸망과 세상 끝의 징조가 함께 들어 있던

것이죠.

이런 제자들의 질문에 예수님도 예루살렘의 멸망과 세상 끝의 징조를 구분하지 않고 함께 말씀하시는데, 한 가지 분명한 것은 인자가 다시 오시는 마지막 때의 징조는 '아무도 모른다'라는 것입니다. 제자들은 분명한 징조를 구했지만 예수님은 그저 하루하루를 마지막 날처럼 여기며 믿음을 갖고 성실히 살아가도록 말씀해주십니다.

사실 어느 시대건 마지막 때의 징조들은 있어 왔습니다. 전쟁과 기근, 거짓 선지자의 출현 등은 예수님 시대나 오늘 우리 때나 동일하게 나타나는 현상들입니다. 이런 징조를 만날 때 느끼는 감정은 두려움과 무력감입니다. 이런 거대하고 두려운 문제 앞에서 내가 할 수 있는 일이 아무것도 없는 것처럼 느껴집니다. 저도 이런 막연함과 무력감으로 말씀을 읽어 내려가다가 한 말씀을 만나게 되었습니다.

12 불법이 성하므로 많은 사람의 사랑이 식어지리라

우리는 요즘, 그 어느 때보다 사랑이 식어버린 시대를 살고 있습니다. 같은 아파트, 같은 동네에 살고 있다는 것만으로 격의 없이 사랑하며 살던 것이 아득한 옛 과거가 되어버렸죠. 비난하고 헐뜯고 깎아내리는 것에는 열을 내지만, 사람을 세워주고 용납하고 사랑하고 이해하는 일에는 누구도 선뜻 나서지 않는 시대입니다.

또 역사상 유례없는 '언택트(Untact 비대면, 비접촉) 시대'를 살고 있습니다. 심지어 코로나바이러스 감염증(COVID-19)의 출현으로 모든 만남과 모임이 중단되고 예배조차도 대면하여 드리지 못하는 초유의 상황을 겪기도 했습니다. 서로 마음 편히 만나지 못하는 비대면의 상황이 길어질수록 사람 간의, 또 하나님을 향한 사랑의 마음도 자연히 식게 마련입니다. 그야말로 재난의 상황, 마지막 때의 징조가 보이는 이 시대에 오늘 우리는 어떤 삶을 살아야 할까요? 저는 그 답을 본문 13절 말씀에서 찾았습니다.

¹³ 그러나 끝까지 견디는 자는 구원을 얻으리라

저는 이 말씀을 이렇게 다시 읽습니다.

"그러나 끝까지 사랑하는 자는 구원을 얻으리라."

재난과 불법이 성하여 사랑이 식어버린 이 시대에 구원을 얻는 길은 어디 있을까요? 바로 끝까지 사랑하는 일입니다.

성공회 신학자 로완 윌리엄스(Rowan Williams)는 그의 책《어둠 속의 촛불들》(Candles in the Dark)에서 사랑이라는 계명에 순종하는 일을 '견디며 머무르는 일'과 다름없는 것이라며, 우리가 만나는 사람들과 "함께 견디는 동시에, 때로는 그들을 견디며 그들 곁에 머물러야"[10] 한다고 말합니다. 끝까지 견디는 것이 끝까지 사랑하는 것과 다름없다는 것이죠.

참 사랑하기 어려운 시대, 사랑이 식은 시대를 살아가고 있습니

---

10) 로완 윌리엄스,《어둠 속의 촛불들》, 김병준 역(비아, 2021), p.25

다. 나의 식어버린 사랑을 변명할만한 핑곗거리도 참 많이 있습니다. 코로나로 인한 비대면 시대가 대표적인 이유 중 하나입니다. 그러나 이런 때야말로, 우리 모두 사랑을 구해야 하고, 갈망해야 하며, 지켜내야 할 때입니다.

로완 윌리엄스는 같은 책에서 영국의 시인 오든의 시를 인용합니다. 그 시의 내용은 이렇습니다.

"당신을 영원히 사랑할 겁니다"라고 말하기는 쉽다.
하지만 "당신을 다음 주 목요일 4시 15분에 사랑할 겁니다"라고
말하기는 어렵다.[11]

영원이라는 막연한 말로 사랑한다고 말하기보다는 지금 당장 내가 할 수 있는 가장 작은 일부터, 그저 곁을 지켜주는 일부터 그 사랑을 실천해보시기 바랍니다.

내 옆에 있는 가족과 이웃, 그리고 세상 끝날까지 나와 함께하신다고 약속하신 주님. 지금보다 더 나은 상황, 그리고 더 근사한 사람을 구하는 것이 아니라 지금 내 곁에 있는 사람과 주님을 지금 더욱 사랑하며 '오늘도 사랑을 구하는' 삶이 되시기를 바랍니다. 이것이 어느 시대를 막론하고 늘 깨어 있어야 할 성도의 삶의 모습입니다.

---

11) 같은 책, p.24

☕ 나의 한 장 묵상

최*일

끝까지 견디는 자는 구원을 얻으리라.

끝까지 사랑하는 자는 구원을 얻으리라.

오늘을 마지막인 줄로 여기며 소중한 말씀 묵상하고 늘~ 깨어 있겠습니다.

마지막 때를 위한 준비!

마지막 때에 관한 말씀 2

마태복음 25장

📖 **25장의 내용과 배경**

25장은 세 개의 비유의 말씀으로 되어 있습니다.

▶ 1-13절 열 처녀 비유

▶ 14-30절 달란트 비유

▶ 31-46절 양과 염소 비유

▶ **열 처녀 비유**

먼저 열 처녀 비유입니다. 신랑을 맞으러 나간 열 명의 여인이 있습니다. 열 명 중 다섯 명은 미련하고, 나머지 다섯 명은 슬기롭다고 말씀하십니다.

> 2 그 중의 다섯은 미련하고 다섯은 슬기 있는 자라 3 미련한 자들은 등을 가지

그 차이는 기름을 준비함에 있습니다. 슬기로운 다섯 여인은 신랑
이 언제 올 줄 몰라 넉넉하게 기름을 준비했지만, 미련한 다섯 여인
은 기름을 준비하지 않았습니다.

문제는 신랑이 전혀 예상하지 못한 때에 나타난 것입니다.

열 명의 여인 모두 신랑이 더디 오므로 다 졸며 자고 있었지만 슬
기로운 다섯 여인은 기름을 준비한 덕에 신랑과 함께 혼인 잔치에
들어갔고, '설마 지금 신랑이 오겠어?' 하며 기름을 준비하지 않았던
미련한 다섯 여인은 혼인 잔치에 들어가지 못합니다.

▶ 달란트 비유

다음으로 달란트 비유입니다. 주인이 먼 타국으로 떠나기 전 종들을 불러 자신의 소유를 맡기는데요, 세 명의 종에게 각각 재능대로 금 다섯 달란트, 두 달란트, 한 달란트씩을 맡깁니다. 한 달란트가 보통 노동자의 20년 품삯이니 한 달란트도 결코 적은 금액이 아니었습니다.

주인은 그렇게 종들에게 소유를 맡기고 떠났다가 오랜 후에 돌아와서 맡긴 소유를 결산합니다. 다섯 달란트를 받은 종은 거기에 다섯 달란트를 더해 열 달란트를 남겼고 주인의 칭찬을 듣습니다.

> 20 다섯 달란트 받았던 자는 다섯 달란트를 더 가지고 와서 이르되 주인이여 내게 다섯 달란트를 주셨는데 보소서 내가 또 다섯 달란트를 남겼나이다 21 그 주인이 이르되 잘하였도다 착하고 충성된 종아 네가 적은 일에 충성하였으매 내가 많은 것을 네게 맡기리니 네 주인의 즐거움에 참여할지어다 하고

두 달란트 받았던 종도 두 달란트를 더해 네 달란트를 남겨 역시 주인의 칭찬을 받습니다.

> 22 두 달란트 받았던 자도 와서 이르되 주인이여 내게 두 달란트를 주셨는데 보소서 내가 또 두 달란트를 남겼나이다 23 그 주인이 이르되 잘하였도다 착하고 충성된 종아 네가 적은 일에 충성하였으매 내가 많은 것을 네게 맡기리니 네 주인의 즐거움에 참여할지어다 하고

이제 마지막 한 달란트 받았던 종이 등장합니다. 주인에게 남긴 달란트를 보여드린 앞의 두 종과는 달리, 한 달란트 받은 종은 먼저 일장 연설을 늘어놓습니다.

주인님, 제가 알기로 당신은 기준이 높고 경거망동을 싫어하며 최선을 요구하고 실수를 용납하지 않습니다. 저는 당신을 실망시킬까 봐 두려워서, 숨겨 두기 적당한 곳을 찾아 돈을 잘 보관했습니다. 여기, 일 원 한 푼 축내지 않고 고스란히 가져왔습니다. 마 25:24, 『메시지』

주인은 달란트를 사용하지 않고 그대로 가져온 세 번째 종을 칭찬하는 대신 꾸짖고, 바깥 어두운 데로 내쫓아 버립니다.

26 그 주인이 대답하여 이르되 악하고 게으른 종아 나는 심지 않은 데서 거두고 헤치지 않은 데서 모으는 줄로 네가 알았느냐 27 그러면 네가 마땅히 내 돈을 취리하는 자들에게나 맡겼다가 내가 돌아와서 내 원금과 이자를 받게 하였을 것이니라 하고 28 그에게서 그 한 달란트를 빼앗아 열 달란트 가진 자에게 주라 29 무릇 있는 자는 받아 풍족하게 되고 없는 자는 그 있는 것까지 빼앗기리라 30 이 무익한 종을 바깥 어두운 데로 내쫓으라 거기서 슬피 울며 이를 갈리라 하니라

▶ 양과 염소 비유

마지막으로 양과 염소의 비유입니다. 주님이 다시 오실 그날에 모

든 민족을 모은 후에 목자가 양과 염소를 구분하듯 사람들을 구분하겠다고 말씀하십니다. 양은 오른편, 염소는 왼편에 두고 오른편에 있는 자들에게는 칭찬과 축복을, 왼편에 있는 자들에게는 책망과 저주를 내립니다.

> 31 인자가 자기 영광으로 모든 천사와 함께 올 때에 자기 영광의 보좌에 앉으리니 32 모든 민족을 그 앞에 모으고 각각 구분하기를 목자가 양과 염소를 구분하는 것 같이 하여 33 양은 그 오른편에 염소는 왼편에 두리라

칭찬과 책망의 기준은 아주 간단했습니다. 내가, 즉 왕 되신 주님이 주리고 헐벗고 나그네 되었을 때 영접한 사람은 칭찬하시고, 영접하지 않고 돌보지 않은 사람은 책망하시죠.

> 34 그때에 임금이 그 오른편에 있는 자들에게 이르시되 내 아버지께 복 받을 자들이여 나아와 창세로부터 너희를 위하여 예비된 나라를 상속받으라 35 내가 주릴 때에 너희가 먹을 것을 주었고 목마를 때에 마시게 하였고 나그네 되었을 때에 영접하였고 36 헐벗었을 때에 옷을 입혔고 병들었을 때에 돌보았고 옥에 갇혔을 때에 와서 보았느니라

재미있는 것은 칭찬을 받는 사람도, 책망을 받는 사람도 자신이 언제 주님을 영접했고 또 돌보지 않았는지 알지 못했다는 것입니다.

37 이에 의인들이 대답하여 이르되 주여 우리가 어느 때에 주께서 주리신 것을 보고 음식을 대접하였으며 목마르신 것을 보고 마시게 하였나이까 38 어느 때에 나그네 되신 것을 보고 영접하였으며 헐벗으신 것을 보고 옷 입혔나이까 39 어느 때에 병드신 것이나 옥에 갇히신 것을 보고 가서 뵈었나이까 하리니 … 44 그들도 대답하여 이르되 주여 우리가 어느 때에 주께서 주리신 것이나 목마르신 것이나 나그네 되신 것이나 헐벗으신 것이나 병드신 것이나 옥에 갇히신 것을 보고 공양하지 아니하더이까

그도 그럴 것이 주님은 "지극히 작은 자를 영접한 것이 곧 나를 영접한 것이고, 지극히 작은 자를 돌보지 않은 것이 곧 나를 돌보지 않은 것"이라며, 지극히 작은 자에게 한 것이 곧 주님에게 한 것이라고 말씀하십니다. 작은 자를 돌보지 않은 자들은 영벌에, 작은 자를 돌본 자들은 영생에 들어갈 것이라는 말씀으로 마태복음 25장이 끝납니다.

46 그들은 영벌에, 의인들은 영생에 들어가리라 하시니라

 보통 목사의 한 장 묵상

문맥 속에서 찾는 '기름'의 정체

24장과 25장은 예수님이 본격적인 십자가 고난을 받으시기 전, 제자들에게 하시는 마지막 설교입니다. 특히 25장은 마태복음에 있

는 예수님의 설교 다섯 편의 결론과도 같습니다. 마지막 설교에서 예수님은 세 가지 비유를 말씀하십니다. 열 처녀 비유와 달란트 비유, 그리고 양과 염소의 비유인데 이 세 비유 모두 주님이 재림하시는 마지막 날을 떠올리게 합니다.

'마지막 날'이라고 하면 자연히 그날이 언제인지 때와 시기가 가장 궁금하지만, 24장에서 예수님은 그날과 그때는 아들도 모르고, "생각하지 않은 날 알지 못하는 시각"에 임할 것이라고 말씀하셨습니다.

> 그러나 그날과 그때는 아무도 모르나니 하늘의 천사들도, 아들도 모르고 오직 아버지만 아시느니라 … 생각하지 않은 날 알지 못하는 시각에 그 종의 주인이 이르러 마 24:36,50

25장에서도 열 처녀 비유에서 "신랑이 더디 오므로", 달란트 비유에서 "오랜 후에"라고 하시며 역시 그날과 그때는 아무도 모를 것이라고 하시죠. 대신 마지막 날을 위한 '준비'에 관해서는 비교적 구체적으로 말씀하십니다.

먼저 열 처녀 비유에서는 '기름'을 준비해야 한다고 나옵니다. 자연히 이런 질문이 따라옵니다. '우리가 준비해야 할 기름은 무엇일까?' 여러분도 한번 생각해보세요. 주님이 오시는 날 우리가 준비해야 할 기름은 무엇일까요?

이 궁금증을 갖고 두 번째 달란트 비유를 보겠습니다. 달란트 비유에서 주인이 보는 것은 달란트입니다. 주인과 종들의 대화를 보면 주인의 관심은 달란트의 양(量)은 아닌 것 같습니다. 애초에 나눠줄 때도 각각 재능대로 다르게 주었고, 더 많은 달란트를 남겨온 종에게 더 많이 칭찬한 것도 아니기 때문이죠. 주인이 중요하게 생각한 것은 바로 달란트의 '활용'이었습니다. '받은 달란트를 사용하려고 얼마나 애를 썼는가?'에 관심이 있습니다. 그렇다면 똑같은 질문이 따라옵니다. '우리가 활용해야 할 달란트는 무엇일까?'

기름과 달란트가 무엇인지에 관해서는 여러 의견이 있지만 저는 마지막 날에 준비해야 할 기름과 달란트가 무엇인지를 마태복음 24장과 25장의 흐름 안에서 살펴보려고 합니다.

작은 자를 보고 섬기기 위한 기름

마지막 비유인 양과 염소의 비유에서 그 답을 찾았는데요, 마지막 날에 영생과 영벌을 나누는 기준이 무엇인지 기억이 나시나요? 지극히 작은 자에 대한 영접이었습니다.

45 이에 임금이 대답하여 이르시되 내가 진실로 너희에게 이르노니 이 지극히 작은 자 하나에게 하지 아니한 것이 곧 내게 하지 아니한 것이니라 하시리니

지극히 작은 자를 영접하기 위해서는 두 가지가 필요합니다. 작은 자 속에 숨어계신 왕 되신 주님을 볼 수 있는 눈과 그들의 필요를 채워주는 손입니다. 저는 앞선 비유에 나오는 기름과 달란트가 바로 작은 자 속에 계신 주님을 알아챌 수 있는 눈과 그들을 섬기는 손을

위한 것이라고 보았습니다.

기름을 채우는 목적은 등불의 불을 밝히는 데 있습니다. 불을 밝히는 이유는 뭘까요? 지극히 작은 자 속에 계신 주님을 제대로 보기 위함이 아닐까요? 우리가 날마다 성령의 기름 부음과 성령 충만을 구하는 이유도 마찬가지입니다. 나의 영적 우월감과 내적 충만함만을 위해서가 아니라, 심령의 불을 밝혀 지극히 작고 연약한 자들 속에 계신 주님을 보기 위해서가 되어야 합니다.

과연 내게는 그 기름이 채워져 있는지, 그래서 내 곁에 있는 작은 자들 속에 계신 주님을 볼 수 있는 눈이 있는지 이 말씀을 통해서 생각해보시기 바랍니다.

하나님께서 우리에게 주신 달란트 역시 지극히 작고 연약한 자들의 필요를 채우는 데 사용되어야 합니다. 달란트 비유에서 한 달란트 받은 종이 주인에게 책망받은 이유는 달란트를 사용하지 않았기 때문입니다. 주인이 높은 기준을 갖고 있을 것이라 지레짐작하고, 주인에게 만족을 주지 못할 바에는 차라리 묻어버리는 편을 택한 것이죠.

24 그런데 한 달란트를 받은 사람은 와서 '주인님, 저는 주인께서 심지 않은 데서 거두시고 뿌리지 않은 데서 모으시는 무서운 분이신 줄을 알고 있었습니다. 25 그래서 두려운 나머지 저는 주인님의 돈을 가지고 가서 땅에 묻어두었습니다. 보십시오, 여기 그 돈이 그대로 있습니다.' 하고 말하였다. **공동번역**

이런 모습이 우리에게도 있습니다. 이웃을 도우려다 주저하는 이유가 무엇인가요? '내가 조금 돕는다고 저 사람이 뭐 얼마나 좋아지겠어?', '나 하나 나눈다고 세상이 달라지겠어?' 하며 베풀려는 손을 다시 주머니 속에 집어넣지는 않나요? 땅속에 달란트를 묻는 것처럼요. 그러나 주님이 보시는 나눔은 결코 거창하거나 대단하지 않습니다.

> 34 그때에 임금이 그 오른편에 있는 자들에게 이르시되 내 아버지께 복 받을 자들이여 나아와 창세로부터 너희를 위하여 예비된 나라를 상속받으라 35 내가 주릴 때에 너희가 먹을 것을 주었고 목마를 때에 마시게 하였고 나그네 되었을 때에 영접하였고 36 헐벗었을 때에 옷을 입혔고 병들었을 때에 돌보았고 옥에 갇혔을 때에 와서 보았느니라

이어지는 40절의 말씀입니다.

> 40 임금이 대답하여 이르시되 내가 진실로 너희에게 이르노니 너희가 여기 내 형제 중에 지극히 작은 자 하나에게 한 것이 곧 내게 한 것이니라 하시고

먹을 것과 마실 것, 입을 것 등 누구나 할 수 있는 사소한 일들을 말씀하시며 "그런 일을 많은 사람에게 꾸준하게 해야 한다"가 아니고, "작은 자 하나에게, 그런 일 '하나라도' 하면"이라고 말씀하시죠.

혹시 여러분 곁에 나보다 작아 보이는 사람, 그래서 무시해도 될 것

같은 사람이 있나요? 그렇다면 성령의 기름을 채워 작은 자 속에 계신 주님을 밝히 볼 수 있게 되시기를 바랍니다. 그리고 그 사람보다 내게 하나 더 있는 그것을 한 번이라도 나눠보시기를 바랍니다. 이것이 마지막 때에 주님께 지혜롭다 칭찬받는 복된 삶의 모습입니다.

☕ **나의 한 장 묵상**

....

....

....

....

호산나 *
'한 번이라도'와 '꾸준히'라는 말씀이 작은 자를 향한 마음 나눔임을 깨닫습니다.

십자가'에' 질 수 있나?

베드로가 예수님을 버린 이유

마태복음 26장

📖 26장의 내용과 배경

26장은 크게 두 부분으로 나눌 수 있습니다.

▶ 1-46절 수난을 위한 준비

▶ 47-75절 수난의 시작

▶ 수난을 위한 준비

죽이려는 자와 죽음을 준비하는 자(1-16절)

25장을 끝으로 설교와 가르침을 마치신 예수님은 제자들에게 십자가 죽음을 예고하십니다. 바로 그때 이스라엘의 종교 지도자들은 대제사장의 관정에 모여 예수님을 죽일 궁리를 하죠. 이런 생각은 예수님의 제자였던 가룟 유다에게도 있었습니다.

> 3 그때에 대제사장들과 백성의 장로들이 가야바라 하는 대제사장의 관정에 모여 4 예수를 흉계로 잡아 죽이려고 의논하되

한편, 이들과는 달리 예수님의 죽음을 미리 준비한 한 여인의 이야기가 6-13절에서 소개됩니다. 한 여인이 매우 귀한 향유 한 옥합을 예수님의 머리에 부었고, 이를 본 제자들은 비싼 값에 팔아 가난한 자들에게 줄 수 있는 향유를 허비했다고 분개합니다.

> 8 제자들이 보고 분개하여 이르되 무슨 의도로 이것을 허비하느냐 9 이것을 비싼 값에 팔아 가난한 자들에게 줄 수 있었겠도다 하거늘

그러나 예수님은 도리어 그 여인을 칭찬하시며 내 머리에 향유를 부은 것은 바로 나의 장례를 위한 것이라고 말씀하십니다.

> 10 예수께서 아시고 그들에게 이르시되 너희가 어찌하여 이 여자를 괴롭게 하느냐 그가 내게 좋은 일을 하였느니라 11 가난한 자들은 항상 너희와 함께 있거니와 나는 항상 함께 있지 아니하리라 12 이 여자가 내 몸에 이 향유를 부은 것은 내 장례를 위하여 함이니라

마지막 만찬(17-30절)

본격적인 십자가 수난을 앞두고 예수님은 제자들과 마지막 만찬을 함께하십니다. 만찬 중에 "너희 중의 한 사람이 나를 팔리라"라고

하시며 십자가 수난과 죽음을 예고하시고, 인자를 파는 그 사람은 차라리 태어나지 않았더라면 더 좋을 뻔했다고 엄히 경고하십니다.

> 24 인자는 자기에 대하여 기록된 대로 가거니와 인자를 파는 그 사람에게는 화가 있으리로다 그 사람은 차라리 태어나지 아니하였더라면 제게 좋을 뻔하였느니라

어쩌면 이 순간이 가룟 유다에게는 다시 돌이킬 마지막 기회였을지 모릅니다. 그러나 유다는 그 기회를 잡지 않았습니다. 도리어 다른 제자들처럼 예수님에게 "나는 아니지요?"(25절)라고 물으며, 끝까지 자기 생각과 길을 고집합니다.

제자들의 배반 예고(31-35절)

예수님은 만찬을 마치고 제자들과 감람산으로 가시던 중에 또 한 번 충격적인 예고를 하십니다. 바로 오늘 밤, 여기 있는 너희 모두가 나를 버릴 것이라는 말씀이었습니다.

> 31 그때에 예수께서 제자들에게 이르시되 오늘 밤에 너희가 다 나를 버리리라 기록된 바 내가 목자를 치리니 양의 떼가 흩어지리라 하였느니라

예수님이 마지막 만찬에 이어 제자들의 배반을 거듭 예고하시자 베드로가 나서서 "모두 주를 버릴지라도 나는 결코 버리지 않겠나이

다"(33절)라고 말합니다. 이런 베드로에게 예수님은 오늘 밤 닭 울기 전에 네가 나를 세 번 부인할 것이라고 하셨지만, 베드로와 모든 제자가 결코 그런 일은 없을 것이라고 부인합니다.

겟세마네 기도(36-46절)

겟세마네에 도착한 후, 예수님은 베드로와 세베대의 두 아들인 야고보와 요한을 데리고 기도하러 올라가십니다. 예수님은 세 명의 제자에게 이곳에서 나와 함께 깨어 있으라고 하시고, 하나님께 이 고통스러운 수난의 잔을 거둬 가시도록, 그러나 "나의 원대로가 아닌 아버지의 원대로 하옵소서"라고 기도하십니다. 그렇게 세 번을 기도하신 후에 예수님은 아버지의 뜻인 수난의 잔을 받아들이십니다.

44 또 그들을 두시고 나아가 세 번째 같은 말씀으로 기도하신 후 45 이에 제자들에게 오사 이르시되 이제는 자고 쉬라 보라 때가 가까이 왔으니 인자가 죄인의 손에 팔리느니라 46 일어나라 함께 가자 보라 나를 파는 자가 가까이 왔느니라

이런 겟세마네의 기도는 기도의 목적이 내 뜻의 관철이 아니라 아버지의 뜻에 순종하는 것임을 우리에게 알려줍니다.

▶ 수난의 시작

예수님의 체포(47-68절)

수난을 위한 예수님의 준비가 끝나자, 유다와 함께 등장한 큰 무

리는 미리 짜놓은 작전에 따라 예수님을 붙잡습니다. 이를 보던 제자 한 사람이 칼을 빼서 대제사장의 종의 귀를 치며 저항하지만, 예수님은 이렇게 된 것은 다 선지자의 글을 이루려 함이라고 하시며 순순히 붙잡혀 가십니다.

> 55 그때에 예수께서 무리에게 말씀하시되 너희가 강도를 잡는 것같이 칼과 몽치를 가지고 나를 잡으러 나왔느냐 내가 날마다 성전에 앉아 가르쳤으되 너희가 나를 잡지 아니하였도다 56 그러나 이렇게 된 것은 다 선지자들의 글을 이루려 함이니라 하시더라 이에 제자들이 다 예수를 버리고 도망하니라

예수님의 이런 태도는 공회에서도 이어집니다. 대제사장들과 공회는 예수님을 죽이기 위해 거짓 증거들을 만들었고, 예수님의 얼굴에 침 뱉고, 주먹으로 치고 때리며 조롱했습니다. 그러나 예수님은 이런 수치와 조롱에서 벗어나려 하지 않으시고 수난의 한복판으로 걸어 들어가십니다.

> 63 예수께서 침묵하시거늘 대제사장이 이르되 내가 너로 살아 계신 하나님께 맹세하게 하노니 네가 하나님의 아들 그리스도인지 우리에게 말하라 64 예수께서 이르시되 네가 말하였느니라 그러나 내가 너희에게 이르노니 이 후에 인자가 권능의 우편에 앉아 있는 것과 하늘 구름을 타고 오는 것을 너희가 보리라 하시니

베드로의 부인(69-75절)

조금 전까지만 해도 예수님과 함께 죽을지언정 절대 주님을 부인하지 않겠다고 장담했던 베드로가 지금은 여종의 말에 움찔하며 예수님을 부인할 뿐 아니라 예수님을 모른다고 저주하며 맹세하기까지 합니다. 곧 닭이 울었고, 베드로는 예수님이 하신 말씀이 생각나 밖에 나가 심히 통곡하면서 26장은 끝이 납니다.

> 69 베드로가 바깥 뜰에 앉았더니 한 여종이 나아와 이르되 너도 갈릴리 사람 예수와 함께 있었도다 하거늘 70 베드로가 모든 사람 앞에서 부인하여 이르되 나는 네가 무슨 말을 하는지 알지 못하겠노라 하며 … 74 그가 저주하며 맹세하여 이르되 나는 그 사람을 알지 못하노라 하니 곧 닭이 울더라 75 이에 베드로가 예수의 말씀에 닭 울기 전에 네가 세 번 나를 부인하리라 하심이 생각나서 밖에 나가서 심히 통곡하니라

 보통 목사의 한 장 묵상

지지 않으면 질 수도 따를 수도 없다

오늘 본문이 묘사하는 예수님의 모습은 이제까지 우리가 알던 모습과는 너무나 다릅니다. 당대에 내로라하는 권력자들 앞에서도 물러섬 없이 논쟁하시며 그들을 꾸짖으시던 위엄과 힘 있는 모습은 온데간데없고, 한 마리의 순한 양처럼 어떤 논쟁도 항변도 그리고 저항도 하지 않으셨습니다.

이런 예수님의 무력한 모습에 가장 당황한 것은 제자들이었습니다. 그들은 공생애 3년 동안 그 누구보다, 예수님과 가장 가까이에서 가장 많은 시간을 보냈지만, 겟세마네에서의 너무도 힘없고 무기력한 모습에 모두가 예수님을 버리고 도망갔습니다.

그중 베드로의 배신은 충격적이죠. 주님과 함께 죽을지언정 절대로 주님을 부인하지 않겠다고 힘주어 말한 것이 불과 하루 전인데 하루 만에 베드로는 예수님을 부인하고 저주하며 도망갑니다. 베드로가 맹세할 때 그가 거짓말을 한 것은 아니었겠죠. 그때는 정말 진심이었을 테지만 예수님이 체포되실 때 당황했거나 두려워서 본능적으로 도망한 것이 아닐까 생각해봅니다.

이런 이해할 수 없는 베드로의 배신에 대해 영국의 신약학자 리처드 보컴(Richard John Bauckham)은 "베드로는 예수님을 위해 죽을 마음은 있었지만 예수님이 자신을 위해 죽으셔야 한다는 사실은 받아들이지 못했다"[12]라고 말한 바 있습니다. 베드로는 예수님이 선택하신 길이 오직 "실패를 통한 '성공', 포기를 통한 '성취'라는 특별한 방법"[13]이었다는 사실을 깨닫지 못했고, 그래서 예수님을 십자가에서 구하기 위해서라면 무엇이든 할 수 있었지만 정작 십자가의 길을 따라가는 데는 실패했다는 것입니다.

26장의 제목을 "십자가'에' 질 수 있나?"라고 정해봤는데요, 십자가에 지는(lose) 것이 곧 십자가를 지는(carry, bear) 것과 같기 때문입

---

12) 리처드 보컴, 트레버 하트, 《십자가에서》, 김동규 역(터치북스, 2021), p.65
13) 같은 책, p69.

니다. 십자가는 세상을 구원하시기 위한 하나님의 방법과 뜻이었습니다. 예수님도 겟세마네에서 이 잔(십자가)을 지나가게 해달라고 기도하셨지만 결국은 아버지의 뜻인 십자가를 선택하셨습니다. 하나님의 뜻인 십자가에 자기 뜻을 꺾고 순종하신 것이죠.

> 39 조금 나아가사 얼굴을 땅에 대시고 엎드려 기도하여 이르시되 내 아버지여 만일 할 만하시거든 이 잔을 내게서 지나가게 하옵소서 그러나 나의 원대로 마시옵고 아버지의 원대로 하옵소서 하시고

하지만 베드로를 포함한 제자들은 하나님의 뜻인 십자가에 질 생각이 없었습니다. 지금 여기야말로 예수님이 하셨던 죽음과 부활의 말씀이 성취되는 자리임에도 제자들은 모두 부리나케 그 자리를 떠나 도망쳤습니다.

> 56 그러나 이렇게 된 것은 다 선지자들의 글을 이루려 함이니라 하시더라 이에 제자들이 다 예수를 버리고 도망하니라

십자가에 지지 않으면, 즉 하나님의 뜻에 지지 않으면 결코 십자가를 질 수 없습니다. 하나님의 뜻과 인도하심이 내 생각과 다르게 흘러갈 그때가 바로 십자가를 질 수 있고 십자가에 질 수 있는 기회임을 기억하시기 바랍니다.

오늘도 주님은 우리에게 물으십니다.

"십자가를 질 수 있나?"

그리고 "하나님의 뜻에 질 수 있나?"라고 주가 물어보실 때, 기꺼이 내 생각과 고집 그리고 환상을 꺾고 십자가의 자리까지 주님을 따르는 참된 제자가 되시기를 바랍니다.

☕ 나의 한 장 묵상

남경*돌

"십자가를 질 수 있나?" 주님이 제게 물으셨을 때 "네" 하고 대답했지만 베드로처럼 예수님을 부인하고 있는 저 자신은 왜 이렇게 부끄러울까요. 세상과 타협하며 살아갈 수밖에 없다고 스스로를 합리화하며 살아가는 저를 긍휼히 여겨주시길, 온전히 예수님만 바라보고 나아가는 삶을 살아가길 기도드립니다.

chapter
27

위대한 굴복, 아름다운 패배
십자가 사건의 의미

📖 27장의 내용과 배경

27장은 크게 세 부분으로 나눌 수 있습니다.
- ▶ 1-26절 붙잡히신 예수님
- ▶ 27-44절 희롱당하시는 예수님
- ▶ 45-66절 십자가에서 죽으신 예수님

▶ 붙잡히신 예수님

밤샘 회의를 마치고 새벽이 되자 이스라엘의 종교 지도자들은 예수님을 총독 빌라도에게 넘깁니다.

> 1 새벽에 모든 대제사장과 백성의 장로들이 예수를 죽이려고 함께 의논하고
> 2 결박하여 끌고 가서 총독 빌라도에게 넘겨주니라

예수님이 빌라도 앞에 서시기 전, 3절부터 10절까지 가룟 유다의 죽음 이야기가 중간에 끼어 있습니다. 예수님을 배반했던 유다는 예수님이 유죄 판결을 받으시자 자책합니다. 십자가에 질 생각이 없었던 가룟 유다. 예수님을 궁지에 몰아넣으면 강하고 힘 있는 예수님의 모습을 볼 수 있으리라 기대했던 걸까요? 예수님이 어떠한 저항도 반론도 하지 않고 무력하게 끌려다니시자 유다는 자신이 받았던 은 삼십을 성소에 던져 넣고 스스로 목매어 죽습니다.

> 3 그때에 예수를 판 유다가 그의 정죄됨을 보고 스스로 뉘우쳐 그 은 삼십을 대제사장들과 장로들에게 도로 갖다 주며 4 이르되 내가 무죄한 피를 팔고 죄를 범하였도다 하니 그들이 이르되 그것이 우리에게 무슨 상관이냐 네가 당하라 하거늘 5 유다가 은을 성소에 던져 넣고 물러가서 스스로 목매어 죽은지라

11절에 예수님은 총독 빌라도 앞에 서십니다. 본격적인 심문이 시작되지만 예수님은 빌라도 앞에서도 침묵으로 일관하시죠. "네가 유대인의 왕이냐?"라는 질문에만 "네 말이 옳도다"라고 짧게 대답하셨을 뿐, 대제사장과 장로들의 모함과 말도 안 되는 고발에도 전혀 반응하지 않으십니다.

이런 예수님의 모습이 답답했는지 13절에서 빌라도는 예수님에게 "사람들이 저렇게 여러 가지로 당신에게 불리한 증언을 하는데, 들리지 않소?"(새번역)라고 묻습니다. 하지만 예수님은 이런 빌라도의 말에도 반응하지 않고 여러 불리한 증언과 고발에도 침묵으로 일

관하며 한 마디도 대답하지 않으십니다(14절).

이 일이 이스라엘 종교 지도자들의 시기로 인한 모함이라는 것을 알았던 빌라도는 특별사면 카드를 꺼냅니다. 명절이 되면 무리가 원하는 죄수 한 명을 놓아주는 전례를 말하며, 바라바와 예수님을 놓고 무리에게 묻습니다. 바라바는 민란 중에 살인을 저지른 자로 마땅히 사형에 처해질 죄수였습니다.

> 민란을 꾸미고 그 민란 중에 살인하고 체포된 자 중에 바라바라 하는 자가 있는지라 막 15:7

살인자 바라바와 아무런 죄가 없으신 예수님. 그런데 무리의 선택은 놀랍게도 바라바였습니다. 빌라도는 이해할 수 없는 무리의 선택에 "어찜이냐 무슨 악한 일을 하였느냐"(23절)라고 하지만 무리는 더욱 소리를 높여 예수님을 못 박으라고 외칩니다. 빌라도는 아내의 만류가 있었고, 이 모든 것이 시기 때문에 이루어진 모함인 것도 알았지만 결국 예수님을 십자가에 못 박도록 넘겨줍니다.

> 24 빌라도가 아무 성과도 없이 도리어 민란이 나려는 것을 보고 물을 가져다가 무리 앞에서 손을 씻으며 이르되 이 사람의 피에 대하여 나는 무죄하니 너희가 당하라 … 26 이에 바라바는 그들에게 놓아주고 예수는 채찍질하고 십자가에 못 박히게 넘겨주니라

▶ 희롱당하시는 예수님

예수님은 총독의 군병들에게 옷이 벗겨지고, 침 뱉음과 무자비한 폭력을 당하십니다. 희롱은 여기서 그치지 않습니다. 병사들은 예수님을 십자가에 못 박고서 예수님이 죽기를 기다리며 그 옷을 나눠 가지려고 제비뽑았고, 길을 가던 사람들은 "네가 만일 하나님의 아들이면 십자가에서 내려와라"라며 모욕했습니다.

> 40 이르되 성전을 헐고 사흘에 짓는 자여 네가 만일 하나님의 아들이어든 자기를 구원하고 십자가에서 내려오라 하며

이스라엘의 종교 지도자들은 "그가 남은 구원하면서 자기는 구원하지 못한다"라면서 지금 십자가에서 내려오면 믿겠다고 조롱하죠.

> 42 그가 남은 구원하였으되 자기는 구원할 수 없도다 그가 이스라엘의 왕이로다 지금 십자가에서 내려올지어다 그리하면 우리가 믿겠노라

함께 십자가에 못 박힌 강도들까지 예수님을 조롱합니다.

> 44 함께 십자가에 못 박힌 강도들도 이와 같이 욕하더라

▶ 십자가에서 죽으신 예수님

십자가 위에서 온갖 모욕과 희롱을 당하신 예수님은 "나의 하나

님, 나의 하나님, 어찌하여 나를 버리셨나이까"(46절) 하고 외치시며 숨을 거두십니다. 그 순간, 성전의 휘장이 위로부터 아래까지 둘로 찢어졌고, 땅이 진동하고 바위가 터지며 무덤이 열리는 등 기이한 일들이 일어납니다.

> 50 예수께서 다시 크게 소리 지르시고 영혼이 떠나시니라 51 이에 성소 휘장이 위로부터 아래까지 찢어져 둘이 되고 땅이 진동하며 바위가 터지고 52 무덤들 이 열리며 자던 성도의 몸이 많이 일어나되 53 예수의 부활 후에 그들이 무덤에 서 나와서 거룩한 성에 들어가 많은 사람에게 보이니라

이를 본 백부장과 그와 함께 있던 자들은 심히 두려워하며 예수님 이 하나님의 아들이셨음을 고백합니다.

> 54 백부장과 및 함께 예수를 지키던 자들이 지진과 그 일어난 일들을 보고 심히 두려워하여 이르되 이는 진실로 하나님의 아들이었도다 하더라

아리마대 사람 요셉은 예수님의 시체를 깨끗한 세마포로 싸서 자 신의 새 무덤에 장사 지냅니다. 이스라엘의 종교 지도자들은 예수님 이 죽으시고 3일 만에 다시 살아날 것이라고 하신 말씀이 생각나 경 비병을 세워 무덤을 단단히 지키게 하고, 이렇게 27장이 끝납니다.

> 62 그 이튿날은 준비일 다음 날이라 대제사장들과 바리새인들이 함께 빌라도

에게 모여 이르되 ⁶³ 주여 저 속이던 자가 살아 있을 때에 말하되 내가 사흘 후에 다시 살아나리라 한 것을 우리가 기억하노니 ⁶⁴ 그러므로 명령하여 그 무덤을 사흘까지 굳게 지키게 하소서 그의 제자들이 와서 시체를 도둑질하여 가고 백성에게 말하되 그가 죽은 자 가운데서 살아났다 하면 후의 속임이 전보다 더 클까 하나이다 하니 ⁶⁵ 빌라도가 이르되 너희에게 경비병이 있으니 가서 힘대로 굳게 지키라 하거늘 ⁶⁶ 그들이 경비병과 함께 가서 돌을 인봉하고 무덤을 굳게 지키니라

 보통 목사의 한 장 묵상

초라한 외양, 위대한 성취

27장에서 본문이 묘사하는 예수님은 너무도 나약하고 무력하고 무능해 보이기까지 합니다. 붙잡히고 희롱당하고 못 박혀 죽으신 예수님. 정말 이 예수님이 우리가 알던 예수님이 맞나? 싶을 정도로 당황스러운 모습입니다.

복음서들을 읽다 보면 몇 가지 공통적인 흐름이 보입니다. 예수님의 놀랍고 신비한 기적들이 복음서 초반부에는 자주 등장하다가 마지막으로 갈수록 점점 그 자취를 감추고, 예수님을 향한 무리의 환호도 공생애 후반부로 갈수록 조롱과 모욕으로 바뀐다는 것입니다. 그 절정이 바로 십자가 사건입니다.

너무도 무력하게 십자가에 달리고 죽임당하신 예수님. 이런 예수님의 패배, 예수님의 굴복이 우리에게는 낯설고 피하고 싶은 일이지

만 예수님에게는 아니었습니다. 지금까지 놀라운 기적을 베푸신 이유와 많은 사람을 먹이고 고치고, 심지어 죽은 나사로까지도 살리신 목적이 바로 이 십자가의 죽으심에 있었기 때문입니다.

사실 십자가 수난과 죽음은 예고 없이 닥친 일이 아니었습니다. 이미 마태복음 16장과 17장, 20장에서 세 번이나 말씀하셨던 일입니다.

> 이때로부터 예수 그리스도께서 자기가 예루살렘에 올라가 장로들과 대제사장들과 서기관들에게 많은 고난을 받고 죽임을 당하고 제삼일에 살아나야 할 것을 제자들에게 비로소 나타내시니 마 16:21

> 갈릴리에 모일 때에 예수께서 제자들에게 이르시되 인자가 장차 사람들의 손에 넘겨져 죽임을 당하고 제삼일에 살아나리라 하시니 제자들이 매우 근심하더라 마 17:22,23

> 보라 우리가 예루살렘으로 올라가노니 인자가 대제사장들과 서기관들에게 넘겨지매 그들이 죽이기로 결의하고 이방인들에게 넘겨주어 그를 조롱하며 채찍질하며 십자가에 못 박게 할 것이나 제삼일에 살아나리라 마 20:18,19

27장 본문에 나오는 예수님의 모습이 우리 눈에는 이스라엘의 종교 지도자들과 무리에게 패배하고 굴복하는 것처럼 보이지만 실은 그 반대였습니다. 이 모든 일은 예수님이 예고하신 일이었고 하나님의 말씀을 이뤄가는 과정이었던 것입니다. 하나씩 살펴볼까요?

먼저 예수님이 이스라엘의 종교 지도자들에게 붙잡히고 빌라도에게 넘겨지시는 것도 방금 살펴본 20장에서 말씀하신 일입니다.

> … 인자가 대제사장들과 서기관들에게 넘겨지매 그들이 죽이기로 결의하고 이방인들에게 넘겨주어 그를 조롱하며 채찍질하며 십자가에 못 박게 할 것이나 … 마 20:18,19

또 유다가 던진 은 삼십으로 대제사장들이 토기장이의 밭을 산 것은 스가랴서 말씀의 성취였습니다.

> 여호와께서 내게 이르시되 그들이 나를 헤아린 바 그 삯을 토기장이에게 던지라 하시기로 내가 곧 그 은 삼십 개를 여호와의 전에서 토기장이에게 던지고 슥 11:13

빌라도의 심문에 아무 대답도 하지 않으신 예수님의 모습은 이사야서 53장 7절 말씀의 성취였고

> 그가 곤욕을 당하여 괴로울 때에도 그의 입을 열지 아니하였음이여 마치 도수장으로 끌려가는 어린 양과 털 깎는 자 앞에서 잠잠한 양같이 그의 입을 열지 아니하였도다 사 53:7

채찍질 당하신 예수님의 모습은 이사야서 53장 5절,

> 그가 찔림은 우리의 허물 때문이요 그가 상함은 우리의 죄악 때문이라 그가 징계를 받으므로 우리는 평화를 누리고 그가 채찍에 맞으므로 우리는 나음을 받았도다 사 53:5

군병들이 예수님에게 침을 뱉고 머리를 때리는 모습은 이사야서 50장 6절,

> 나를 때리는 자들에게 내 등을 맡기며 나의 수염을 뽑는 자들에게 나의 뺨을 맡기며 모욕과 침 뱉음을 당하여도 내 얼굴을 가리지 아니하였느니라 사 50:6

예수님의 옷을 제비 뽑아 나누는 것과 십자가의 죄패, 십자가 밑에 있던 사람들의 조롱과 모욕의 말들은 시편 22편과 69편 말씀의 성취였습니다.

> 나를 보는 자는 다 나를 비웃으며 입술을 비쭉거리고 머리를 흔들며 말하되 그가 여호와께 의탁하니 구원하실 걸, 그를 기뻐하시니 건지실 걸 하나이다 … 내 겉옷을 나누며 속옷을 제비 뽑나이다 시 22:7,8,18

> 내가 주를 위하여 비방을 받았사오니 수치가 나의 얼굴에 덮였나이다 시 69:7

34절에서 쓸개 탄 포도주를 거부하시는 모습은 시편 69편 21절 말씀의 성취였고

> 그들이 쓸개를 나의 음식물로 주며 목마를 때에는 초를 마시게 하였사오니
> 시 69:21

다른 강도들과 함께 십자가에 달리신 것은 이사야서 53장 12절,

> 그러므로 내가 그에게 존귀한 자와 함께 몫을 받게 하며 강한 자와 함께 탈취
> 한 것을 나누게 하리니 이는 그가 자기 영혼을 버려 사망에 이르게 하며 범죄
> 자 중 하나로 헤아림을 받았음이니라 그러나 그가 많은 사람의 죄를 담당하며
> 범죄자를 위하여 기도하였느니라 사 52:12

마지막으로, 아리마대의 부자 요셉이 예수님의 시신을 자신의 무덤으로 모시는 것도 이사야서 53장 9절 말씀의 성취였습니다.

> 그는 강포를 행하지 아니하였고 그의 입에 거짓이 없었으나 그의 무덤이 악인
> 들과 함께 있었으며 그가 죽은 후에 부자와 함께 있었도다 사 53:9

이처럼 예수님의 십자가 수난과 죽음은 느닷없이 들이닥친 사고가 아니었습니다. 도리어 오래전부터 예언하신 말씀이 성취되는 영광스러운 과정이었죠.

마태복음 27장의 제목을 "위대한 굴복, 아름다운 패배"라고 붙인 것은 말씀의 성취와 하나님의 뜻을 위한 굴복과 패배야말로 위대하고 아름다운 일이기 때문입니다. 여러분은 어떠신가요? 말씀 앞에서, 하나님의 뜻 앞에서 자기 뜻을 꺾어 굴복시키고 패배를 감수했던 적이 있으신가요?

송강호 박사는 한 칼럼에서 다음과 같이 말했습니다.

우리는 예수 그리스도와 의를 위해서 핍박을 받았던 하나님의 사람들의 생애와 죽음을 통해 감추어진 역사의 진실을 배워야 한다. 삶의 의미는 이기는 데 있는 것이 아니라 패배하는 데 있다는 것이다. 한 번 혹은 몇 번의 패배로 물러나는 미완성의 패배가 아니라 어떤 시련도, 절망도, 좌절도 끝내 거부하고 끝없이 패배하는 삶을 한없이 긍정하면서 끝까지 포기하지 않는 삶이 우리의 운명이라는 것이다. 나는 믿는다. 우리는 패배하고 신(神)은 승리하며, 우리는 죽지만 신(神)은 우리를 다시 살려내신다는 진실을.[14]

세상은 우리가 성공과 영달의 자리만을 좇게 만듭니다. 어떻게 하면 이 땅에서 손해 보지 않고 살 수 있을까 생각하게 하고, 말씀과 하나님의 뜻에는 귀를 닫고 적당히 불의와 타협하여 내가 가진 재물과 자리를 지켜야 한다고 유혹하죠. 그러나 주님은 우리를 위대한

14) 송강호, "우리는 죽지만 하나님은 다시 살려내신다," 〈뉴스앤조이〉, 2012년 8월 13일.

굴복과 아름다운 실패의 자리로 부르십니다. 바로 십자가 수난과 죽음입니다. 하나님의 말씀과 뜻을 이루기 위해 수치와 손해와 모욕을 피하지 않을 때, 바로 그곳에 부활과 영생의 주님이 함께하실 줄 믿습니다.

☕ 나의 한 장 묵상

....

....

....

....

최*일

아무리 예정되어 있던 일이라지만 사람과 같은 육신으로 오셨는데 그 고통과 아픔에 얼마나 힘드셨을까 생각하면 가슴이 먹먹해져 옵니다. 인간을 구원하기 위한 참사랑이 없이는 결코 할 수 없는…. 하나님의 말씀과 뜻에 따라 어떠한 어려움에도 굴복하지 않는 삶, 예수님을 티끌만큼이라도 닮아가는 제 삶이 되기를 소망합니다.

부활의 주님은 지금 어디에?

마태복음 그 마지막 이야기

마태복음 28장

📖 **28장의 내용과 배경**

28장은 크게 두 부분으로 나눌 수 있습니다.

▶ 1-15절 부활하시다

▶ 16-20절 분부하시다

▶ **부활하시다**

안식 후 첫날, 그러니까 예수님이 십자가에서 죽으신 지 3일째 되던 날 새벽, 막달라 마리아와 다른 마리아가 예수님의 무덤을 찾아갑니다.

> ¹ 안식일이 다 지나고 안식 후 첫날이 되려는 새벽에 막달라 마리아와 다른 마리아가 무덤을 보려고 갔더니

마가복음 16장 1절과 누가복음 24장 1절 모두 여인들이 향품을 준비해 갔다고 나옵니다. 주님이 부활하셨다는 확신이 있었다면 시체에 바르는 향품을 준비해 갈 리가 없었겠죠. 이들이 향품을 준비해 간 것은 안식일 때문에 예수님의 시신이 너무 급하게 수습된 것이 마음에 걸렸기 때문입니다.

> 이날은 준비일이라 유대인들은 그 안식일이 큰 날이므로 그 안식일에 시체들을 십자가에 두지 아니하려 하여 빌라도에게 그들의 다리를 꺾어 시체를 치워 달라 하니 요 19:31

그렇게 찾아간 무덤에서 이들은 놀라운 광경을 보게 됩니다. 무덤을 막고 있던 돌이 굴려졌고, 그 돌 위에 천사가 앉아 있었죠. 예수님을 찾아온 여인들에게 천사는 말합니다.

> 5 천사가 여자들에게 말하여 이르되 너희는 무서워하지 말라 십자가에 못 박히신 예수를 너희가 찾는 줄을 내가 아노라 6 그가 여기 계시지 않고 그가 말씀하시던 대로 살아나셨느니라 와서 그가 누우셨던 곳을 보라

지난 27장에서 무력한 굴복과 굴욕적 패배처럼 보였던 예수님의 십자가 죽음이 사실은 위대한 굴복과 아름다운 패배였음이 증명되는 순간이었습니다. 빨리 가서 부활의 소식을 제자들에게도 알리라는 천사의 말에 여인들은 무서움과 큰 기쁨을 안고 달립니다.

8 그 여자들이 무서움과 큰 기쁨으로 빨리 무덤을 떠나 제자들에게 알리려고 달음질할새

그렇게 부활의 첫 증인이 되어 놀라운 소식을 가슴에 품고 달리는 여인들에게 더 놀라운 일이 벌어집니다. 바로 부활하신 주님을 가장 먼저 보게 된 것입니다.

9 예수께서 그들을 만나 이르시되 평안하냐 하시거늘 여자들이 나아가 그 발을 붙잡고 경배하니

두렵고 떨림으로 예수님의 발을 붙잡고 있던 여인들에게 예수님은 갈릴리로 가라고 하시며 거기서 나를 다시 볼 것이라고 말씀하십니다.

같은 시각, 무덤을 지키던 경비병들은 대제사장들을 찾아가 벌어진 일을 모두 알립니다. 그러나 십자가에 질 생각이 없던 이들, 말씀 앞에 굴복과 패배하기를 거부한 이들은 부활 앞에서도 도무지 질 생각이 없었습니다. 경비병들에게 소식을 듣자마자 많은 돈으로 그들을 매수해, 누군가가 무덤에 와서 예수님의 시신을 도둑질해 간 것으로 말을 맞춥니다.

11 여자들이 갈 때 경비병 중 몇이 성에 들어가 모든 된 일을 대제사장들에게 알리니 12 그들이 장로들과 함께 모여 의논하고 군인들에게 돈을 많이 주며 13 이

르되 너희는 말하기를 그의 제자들이 밤에 와서 우리가 잘 때에 그를 도둑질하여 갔다 하라

이들에겐 십자가에 힘없이 달리신 예수님도, 죽음을 이기시고 부활하신 예수님도 필요하지 않았습니다. 오로지 자신들이 현재 누리고 있는 재산과 권력과 명예를 지키는 것만이 중요했습니다.

▶ 분부하시다

부활하신 예수님은 갈릴리에서 열한 제자와 만나시고, 한 산으로 그들을 불러 말씀하십니다. 예수님의 지상명령(至上命令, The Great Commission), '위대한 위임'이라고도 불리는 말씀이죠.

"하나님께서 내게 주신 권세와 명령으로 너희에게 이 일을 맡긴다. 너희는 세상으로 두루 나가서 만나는 모든 사람마다 이 생명의 길로 훈련시키고, 아버지와 아들과 성령의 이름으로 그들에게 세례를 주어 표를 삼아라. 그리고 내가 너희에게 명령한 모든 것을 삶으로 살아가도록 가르쳐라. 너희가 이 일을 하는 동안에, 이 시대가 끝날 때까지 날마다 하루도 빠짐없이, 내가 너희와 함께 있을 것이다." 마 28:18-20,『메시지』

주님께서 그분이 행하신 놀라운 일들을 제자들에게 맡기십니다. 그리고 세상 끝날까지 이 일을 맡은 모든 이들과 항상 함께하신다는 주님의 약속으로 마태복음의 말씀은 끝이 납니다.

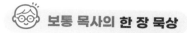 **보통 목사의 한 장 묵상**

갈릴리를 두고 무덤으로 가다

빈 무덤에서 천사가 여인들에게 했던 말은 "그가 여기 계시지 않고"(6절)입니다. 여인들은 무덤에 가면 예수님의 시신을 볼 수 있을 것이라 확신했을 것입니다. 그러니 시신에 바를 향품도 준비해 갔던 것이죠. 그러나 여인들은 무덤에서, 예수님이 계실 것으로 생각했던 '그곳'에서 예수님을 볼 수 없었습니다. 예수님은 여인들이 생각했던 '그곳', 즉 무덤에 계시지 않았거든요.

대신 천사가 말한 곳은 '갈릴리'였습니다. 사실 십자가에서 죽으신 예수님을 다시 보게 될 장소는 무덤이 아닌 갈릴리였습니다. 이미 예수님도 지난 26장에서 직접 갈릴리를 말씀하셨습니다.

> 그러나 내가 살아난 후에 너희보다 먼저 갈릴리로 가리라 마 26:32

그러니까 여인들과 제자들이 예수님의 말씀을 정말로 믿었다면, 예수님이 하나님의 아들 되심을 진실로 믿었다면 무덤이 아닌 갈릴리로 향했어야 합니다. 그러나 그들은 갈릴리가 아닌 무덤으로 향했고, 그곳에서 천사로부터 "그가 여기 계시지 않는다"라는 말을 들은 것이죠.

주님이 계신 곳을 잘못 짚어 헛걸음했던 실수는 이들이 처음이 아니었습니다. 2장에서 동방박사들이 저지른 실수를 기억하시나요?

머나먼 땅에서 예루살렘까지는 별의 움직임을 잘 따라왔던 동방의 박사들이 마지막 문턱에서, 예수님이 태어나신 베들레헴이 아닌 예루살렘에서 예수님을 찾았던 실수 말입니다.

> 헤롯 왕 때에 예수께서 유대 베들레헴에서 나시매 동방으로부터 박사들이 예루살렘에 이르러 말하되 유대인의 왕으로 나신 이가 어디 계시냐 우리가 동방에서 그의 별을 보고 그에게 경배하러 왔노라 하니 마 2:1,2

그러나 예수님은 그곳에 계시지 않고, 오래전부터 하나님께서 말씀하신 베들레헴에 계셨습니다.

> 베들레헴 에브라다야 너는 유다 족속 중에 작을지라도 이스라엘을 다스릴 자가 네게서 내게로 나올 것이라 그의 근본은 상고에, 영원에 있느니라 미 5:2

왜 이런 일들이 일어날까요? 바로 내 생각과 내 마음에 크신 주님을 가두고 통제하려는 교만과 욕심 때문입니다.

꽉 붙든 주님의 발을 놓고 말씀하신 갈릴리로

갈릴리로 가라는 천사의 말을 듣고 달음질하던 여인들이 예수님을 만나게 되는데, 그들은 부활하신 주님을 보자마자 예수님의 발을 붙잡고 경배합니다. 여러분이 그 여인이었다면 그 마음이 어땠을까요? 예수님의 시신이라도 보고 싶은 마음에 찾아온 무덤에서 부활하신 예수님을 두 눈으로 보게 된 것입니다.

모르긴 몰라도 여인들은 예수님을 아주 꽉 붙잡았을 것입니다. 이번에는 무슨 일이 있어도 예수님과 떨어지지 않으려는 마음도 있었겠죠. 실제로 여인들이 예수님을 붙잡았을 때 쓰인 '붙잡다'의 원어 '크라테오'(κρατέω)에는 '소유하다, 고수하다'라는 뜻도 있습니다.

자신의 발을 붙들고 있는 여인들에게 주님은 말씀하십니다.

> 10 이에 예수께서 이르시되 무서워하지 말라 가서 내 형제들에게 갈릴리로 가라 하라 거기서 나를 보리라 하시니라

같은 장면을 담은 요한복음의 병행 구절에서 예수님은 "나를 붙들지 말라"라고 말씀하십니다.

> 예수께서 이르시되 나를 붙들지 말라 내가 아직 아버지께로 올라가지 아니하였노라 너는 내 형제들에게 가서 이르되 내가 내 아버지 곧 너희 아버지, 내 하나님 곧 너희 하나님께로 올라간다 하라 하시니 요 20:17

이 장면 역시 주님의 생각과 여인들의 생각에 차이가 있습니다. 여인들은 부활하신 주님을 꽉 붙드는 것이 그 순간 자신이 할 수 있는 최선이었겠지만, 주님의 생각은 달랐습니다. 나를 놓아야 갈릴리에서 다시 볼 수 있고, 나를 놓아야 성령으로 세상 끝날까지 내가 너희와 함께할 수 있다는 것이죠.

팀 켈러(Timothy J. Keller) 목사님은 이러한 예수님의 뜻을 "내가 아버지께로 올라가서 그분의 우편에 앉아 성령을 보내면, 세상에서 나를 믿는 사람은 누구나 나와 인격적으로 친밀해질 수 있다. 성령을 통해 내가 네게 와서 사랑으로 교제하며 네 안에 임재할 수 있다. … 그러면 너는 상상을 초월하는 방식으로 나와 교제를 나누게 된다"[15]라고 풀어서 설명했습니다.

여인들의 최선은 '주님을 꽉 붙드는 것'이었지만 주님의 방법은 그것을 뛰어넘습니다. 주님은 말씀하신 대로 갈릴리로 가시고 마침내 하늘로 올라가셔서 성령으로 교제하시는 것, 그것이 눈앞의 주님을 꽉 붙드는 것보다 훨씬 더 풍성하고 친밀한 사랑의 교제임을 알려주십니다.

내 생각과 틀을 놓을 때에야 주님이 일하신다

우리는 종종 주님을 내 생각과 경험의 틀 속에 가두려고 합니다. 주님이 일하시는 방식과 형식을 내 좁은 사고 안에 가두려는 것이죠.

성서학자 피터 엔즈(Peter Enns)는 "우리가 죽기 살기로 '올바른' 생각을 붙들고 있을 때, 그것을 놓으면 하나님을 놓는 것이라 여기고 놓지 않으려 할 때, 손에 쥔 것을 놓고 앞으로 나가야 한다는 것을 알면서도 우리 입장을 고수하며 고집스럽게 자리를 지킬 때, 그런 순간에 우리는 하나님보다 자신의 생각을 신뢰하는 것"[16]이라고 말

---

15) 팀 켈러, 《부활을 입다》, 윤종석 역(두란노, 2021), p.158.
16) 피터 엔즈, 《확신의 죄》, 이지혜 역(비아토르, 2018), p.33.

했습니다.

주님은 그분을 붙들고 있는 그 손을 놓고 내 형제, 즉 제자들에게로 가서 부활의 소식을 알리라고 말씀하십니다. 주님의 이 말씀은 여인들에게는 굉장한 도전이었을 것입니다. 꿈에라도 보기를 원했던 주님을 눈앞에 두고 떠나야 한다니요. 아마 주님을 붙들고 주님을 모셔 가고 싶지 않았을까요?

그러나 주님은 "나를 붙들지 말고 내 형제에게로 가서 전하라"라고 단호히 말씀하십니다. 여인들은 쥐고 있던 손을 놓고, 최선이라고 생각했던 자신의 확신을 내려놓고 주님이 말씀하신 대로 제자들에게 갑니다. 그렇게 전해진 부활의 소식은 2천 년이 지나 저와 여러분에게까지 전해져 왔습니다.

혹시 여러분에게도 여인들과 같이 꼭 붙들고 있었던 무엇인가가 있지는 않으신가요? 그것은 오랜 경험이 만들어낸 확신일 수 있고, 두려움 때문에 차마 놓지 못하는 그 무엇일 수 있습니다. 그러나 그것이 무엇이든 주님은 우리의 생각과 틀을 넘어 일하시는 분이심을 믿으시기 바랍니다. 그것을 놓아도, 아니 그것을 놓을 때에야 비로소 주님이 일하십니다.

무덤 앞에서 들었던 천사의 말, "그가 여기 계시지 않고",

자신을 꼭 붙들고 있던 여인들에게 하신 주님의 말씀, "가서 내 형제들에게 갈릴리로 가라 하라."

혹시 말씀과는 상관이 없는 엉뚱한 곳에서 주님을 찾고 계시진 않으셨나요? 내 생각과 경험 그리고 욕심을 고수하며 이것만은 포기

할 수 없다고 붙들고 있지 않으신가요?

마태복음을 마치며, 내 생각과 한계 너머에 계신 주님을 신뢰할 수 있는 믿음, 그리고 내가 붙들고 있는 것들을 과감히 놓을 수 있는 용기가 있기를 바랍니다. 그래서 내 생각과 한계를 넘어 일하시는 주님을 생생하게 체험하는 우리가 되기를 바랍니다.

존귀하신 주님,
확신에 차 있던 마리아에게
"나를 붙들지 말라" 하셨던 주님의 말씀을 마음에 새깁니다.

내 생각과 뜻과 계획보다 더욱 크신 주님을 신뢰함으로,
이것이 내가 할 수 있는 최선이라고 생각되는 그 순간에도
주님께서 놓으라고 하시면
그것까지도 놓을 수 있는 믿음을 주옵소서.

혹 나의 고집을 믿음이라며 애써 포장했던 것이 있다면
거짓의 포장을 뜯어버리고
고집스러운 자기 확신의 그 길에서 돌이킬 수 있는 용기를 주옵소서.
그리하여 날마다 세미한 주의 음성을 들으며
전혀 새로운 존재로 빚어 가시는 하나님의 사랑의 손길에
매일의 삶을 맡길 수 있는 지혜로운 인생이 되게 하여 주옵소서.

나의 비틀거림도 빛의 걸음으로 바꾸어 가시는
나의 주 예수 그리스도의 이름으로 기도합니다.
아멘.

☕ 나의 한 장 묵상

서*옥
오늘에야 주님께서 부활하시고 첫 말씀이 "평안하냐?" 우리의 안부였다는 것을 알
고 감동했습니다. 부활하셨다는 소식을 듣고 무서움과 큰 기쁨으로 달음질하는 여
인들을 만나서 예수님은 "안녕?" 하셨던 것이지요. 오늘의 감동은 왠지 무겁지 않
고 경쾌하고 기쁩니다. 무서움에서 벗어날 수 있도록, 주님의 모습에서 그것이 참
기쁨이 될 수 있도록, 되려 여자들에게 안도와 평안을 주시기 위해 무서워 말라 일
러주시는 주님! 그 크신 사랑이 오늘은 마구마구 느껴져 옵니다.

보통 목사의 10분 성경 : 마태복음

초판 1쇄 발행 　2023년 4월 20일
초판 2쇄 발행 　2023년 5월 2일

지은이 　현병찬

펴낸이 　여진구
책임편집 　최현수
편집 　이영주 박소영 안수경 김도연 김아진 정아혜
책임디자인 　마영애 | 노지현 조은혜 이하은
홍보 · 외서 　진효지
마케팅 　김상순 강성민 　　마케팅지원 　최영배 정나영
제작 　조영석 　　경영지원 　김혜경 김경희 이지수

303비전성경암송학교 유니게 과정 　박정숙
이슬비전도학교 / 303비전성경암송학교 / 303비전꿈나무장학회

펴낸곳 　규장

주소 　06770 서울시 서초구 매헌로 16길 20(양재2동) 규장선교센터
전화 02)578-0003 　팩스 02)578-7332
이메일 kyujang0691@gmail.com 　　홈페이지 www.kyujang.com
페이스북 facebook.com/kyujangbook 　　인스타그램 instagram.com/kyujang_com
카카오스토리 story.kakao.com/kyujangbook
등록일 1978.8.14. 제1-22

책값 　뒤표지에 있습니다.
ISBN 979-11-6504-426-8 03230

규 | 장 | 수 | 칙

1. 기도로 기획하고 기도로 제작한다.
2. 오직 그리스도의 성품을 사모하는 독자가 원하고 필요로 하는 책만을 출판한다.
3. 한 활자 한 문장에 온 정성을 쏟는다.
4. 성실과 정확을 생명으로 삼고 일한다.
5. 긍정적이며 적극적인 신앙과 신행일치에의 안내자의 사명을 다한다.
6. 충고와 조언을 항상 감사로 경청한다.
7. 지상목표는 문서선교에 있다.

하나님을 사랑하는 자 곧 그의 뜻대로 부르심을 입은 자들에게는 모든 것이 合力하여 善을 이루느니라(롬 8:28)

규장은 문서를 통해 복음전파와 신앙교육에 주력하는 국제적 출판사들의
협의체인 복음주의출판협회(E.C.P.A:Evangelical Christian Publishers
Association)의 출판정신에 동참하는 회원(Associate Member)입니다.